お客様の心をつかむ

塗装改修マニュアル

一般社団法人 **日本塗装工業会** 編

「お客様の心をつかむ塗装改修マニュアル」三訂版発行に当たって

　本書は、平成22年、増大する改修市場でのお客様満足度を高めるため、当時の（社）日本塗装工業会　多賀谷嘉昭会長の下、木暮実氏、山下保佑氏ら執筆委員により刊行されました。本書刊行が元請塗装改修工事のレベルアップに一定の寄与をしたものと考えております。

　その後、住宅リフォーム事業の健全な発展と消費者にとって安心が担保できる環境整備のために、国土交通省で制度化された「住宅リフォーム事業者団体登録制度」に本会が大臣登録されたことに合わせ、平成29年、当時の常任理事・経営委員長　若宮昇平氏監修の下、2つの章を追加し改訂を加えました。瑕疵保険を中心とした保険に関する解説と、消費者保護に関する法令等の解説です。いずれも住宅リフォーム事業者としては最低限理解しておかなければならないものです。

　さらに、その改訂から7年が経ち、塗装改修工事の需要の増加と社会環境の変化に伴い、建設業法・労働安全衛生法・民法・消費者契約法など事業者に関する法令だけではなくお客様を守る法令等も逐次改正され、瑕疵保険商品なども日々見直されています。そういった最新の情報を踏まえ、昨年より経営委員会で改訂作業を始めました。指揮を執った前常任理事・経営委員長小林俊明氏は道半ばで急逝されましたが、彼の業界に対する見識と誠実さが本書刊行の原動力となりました。困難な状況の中、改訂作業に当たっていただいたことに深い敬意と感謝を表します。

　このような経緯を歩んできました本書を塗装工事業に関わる皆様に活用していただくことにより、安心・安全で質の高いリフォーム工事を通じて、人々の暮らしがより豊かになることを願っております。

　結びに、改訂作業を引き継がれた木村彰仁経営委員長はじめ委員各位、事務局に御礼申し上げます。

　令和6年12月

一般社団法人日本塗装工業会

会長　加藤　憲利

住宅リフォーム事業者団体登録制度とは

　塗装改修などのリフォーム工事をお客様が依頼しようと思うと、どこに頼めばよいのか悩まれると思います。工事の品質は守られているか、お客様への対応は丁寧か、質問があったら納得いくまで説明してくれるか等々不安の種はたくさんあります。しかし現実にはリフォーム業界には多様な事業者が参入してきており、資質に欠ける事業者が数多くいることも事実です。

　そこで、国土交通省では、リフォーム事業者の団体のうち、相談窓口の体制を設けている、事業者の資質向上のための研修を行っている、一定額以上の工事で瑕疵保険を契約するよう指導している、必要に応じて事業者に対する指導を行っているなど組織的に消費者保護の取り組みをしており、かつその他一定の要件を満たしている団体を国土交通大臣登録し、団体情報を公開しています。令和6年12月時点で一般社団法人日本塗装工業会など16団体が登録されています。

　消費者にとって、この登録団体の会員事業者であれば、団体の指導が行き届いており、万一のトラブルには団体の相談窓口に相談できるというメリットがあります。
　会員事業者にとっては、国に認められた団体に所属しているということで信頼性をアピールできるというメリットがあります。

　ぜひ登録住宅リフォーム事業者団体の会員事業者は、この制度の下、お客様に安心してリフォームをご用命いただけるよう、適切な契約・工事・アフターフォローに努めていただきたいと思います。

目　次

戸建て住宅　編　　　　　　　　　　　　　　　　　　　　　1

第1章　戸建て住宅の営業　　　　　　　　　　　　　　3

◆ テーマ1．お客様と理解しあう　　　　　　　　　　　4
◆ テーマ2．現場を見て確認する　　　　　　　　　　　7
◆ テーマ3．進め方を相談する　　　　　　　　　　　10
◆ テーマ4．契約を交わす　　　　　　　　　　　　　16
◆ テーマ5．工事保証とアフターサービス　　　　　　18
◆ テーマ6．着工準備　　　　　　　　　　　　　　　20

第2章　戸建て住宅施工前の準備　　　　　　　　　23

◆ テーマ7．品質・工期・安全を確保するために　　　24
◆ テーマ8．現場の進捗を円滑にするための準備　　　28
◆ テーマ9．着工前の心掛け　　　　　　　　　　　　32

第3章　戸建て住宅施工中の留意点　　　　　　　　35

◆ テーマ10．毎日の確認と足場組立作業時の留意点　　36
◆ テーマ11．下地調整時の留意点　　　　　　　　　　39
◆ テーマ12．塗装作業中の留意事項　　　　　　　　　41
◆ テーマ13．作業後の留意点　　　　　　　　　　　　45
◆ テーマ14．施工管理　　　　　　　　　　　　　　　47

第4章　戸建て住宅施工後のポイント　　　　　　　51

◆ テーマ15．工事記録　　　　　　　　　　　　　　　52
◆ テーマ16．工事完了　　　　　　　　　　　　　　　54
◆ テーマ17．定期検査とクレーム対応　　　　　　　　56
◆ テーマ18．戸建て住宅塗り替え市場のまとめ　　　　58
◆ テーマ19．施工および作業手順の失敗例　　　　　　61

集合住宅　編 ······67

第5章　集合住宅の営業 ······69

- ◆ テーマ 20.　見積もりへの参加 ······70
- ◆ テーマ 21.　工事会社に選ばれるポイント ······77
- ◆ テーマ 22.　着工準備 ······80

第6章　集合住宅施工前の準備 ······83

- ◆ テーマ 23.　品質と工程・工期管理 ······84
- ◆ テーマ 24.　作業環境の安全確保 ······89
- ◆ テーマ 25.　工事着工前打ち合わせ ······93
- ◆ テーマ 26.　必要事項の確認 ······95

第7章　集合住宅施工中の留意点 ······99

- ◆ テーマ 27.　お客様満足度の高い施工をおこなうために ······100
- ◆ テーマ 28.　下地調整作業での留意点 ······106
- ◆ テーマ 29.　塗装作業中の留意点 ······110
- ◆ テーマ 30.　塗装作業後の留意点 ······115

第8章　集合住宅施工後のポイント ······119

- ◆ テーマ 31.　お客様満足度の検証 ······120
- ◆ テーマ 32.　集合住宅の塗り替えのまとめ ······123
- ◆ テーマ 33.　施工および作業手順の失敗例 ······125

戸建て住宅・集合住宅　共通編 ······129

第9章　安心・安全の工事を提供するために ······131

- ◆ テーマ 34.　安心・安全に対する認識 ······132
- ◆ テーマ 35.　保険の種類 ······134
- ◆ テーマ 36.　瑕疵保険とその他の保証 ······136

第10章　消費者保護に関する法律 ······141

- ◆ テーマ 37.　景品表示法 ······142
- ◆ テーマ 38.　消費者契約法 ······143
- ◆ テーマ 39.　特定商取引法 ······145
- ◆ テーマ 40.　処分事例 ······148

第11章　改修工事における石綿対応 ······151

- ◆ テーマ 41. 改修工事と石綿（アスベスト） ······152

戸建て住宅 編

第1章
戸建て住宅の営業

　戸建て住宅の営業では、お客様が望んでいる以上の塗装・サービスを提供し、お客様満足度を高めることがポイントです。

　お客様満足度を高めることができれば、リピート受注や知人紹介といった好循環に結びついていくことになります。営業はそのための第一歩となるので、とても重要です。

　この章では、戸建て住宅の営業に必要な留意点について解説します。

テーマ1. お客様と理解しあう ◆◆◆◆◆◆◆◆◆◆◆◆◆◆◆◆◆◆◆◆◆ 4

テーマ2. 現場を見て確認する ◆◆◆◆◆◆◆◆◆◆◆◆◆◆◆◆◆◆◆◆ 7

テーマ3. 進め方を相談する ◆◆◆◆◆◆◆◆◆◆◆◆◆◆◆◆◆◆◆◆◆ 10

テーマ4. 契約を交わす ◆◆◆◆◆◆◆◆◆◆◆◆◆◆◆◆◆◆◆◆◆◆◆ 16

テーマ5. 工事保証とアフターサービス ◆◆◆◆◆◆◆◆◆◆◆◆◆ 18

テーマ6. 着工準備 ◆◆◆◆◆◆◆◆◆◆◆◆◆◆◆◆◆◆◆◆◆◆◆◆◆◆ 20

◆テーマ１．お客様と理解しあう◆

１．お客様満足度とは

　お客様が望んでいる以上の「塗装・サービス」を提供することです。

　よい仕事をすれば黙っていても仕事がくる時代は終わり、現在ではお客様のニーズよりも上の品質を目指すことでお客様満足度を高めなければなりません。

　今、私たちにはお客様が望んでいる「仕事」をするだけではなく、ワンランク上のレベルの塗装工事を提供することが必須となってきました。

　生産性や効率はもちろんのことお客様満足度を高める方が、会社のブランド価値を高め、信頼性を向上させるには得策なのです。お客様満足度を高めることができれば、結果として、次回の塗り替えや、近隣からの新規受注に結びついていくことになるのです。

2. お客様の要望を確認する

　お客様満足度を高めるためには、お客様との接点を有効に活用することが一番大切になります。受注から工事が完了するまでの間、お客様との接点はたくさんあります。例えば契約時の御礼、入金に対する御礼、要望変更への対応、工事の経過報告、アフターサービスなどです。このような接点を大切にすることがお客様満足度を高めるチャンスになります。きめ細かなフォローをおこなうことでお客様の心をつかみ、自社のファンとなっていただき、リピート受注や知人紹介といった好循環に結び付けなければなりません。

　どうすればお客様との接点とその場面で、お客様満足度をいっそう高めることができるか、考えていきましょう。

① お客様の要望の確認

　お客様は工事会社に対して、確認するポイント、不安や要望を必ず持っています。
　1）正確な工事をしてもらえるか
　2）担当者や技能者に安心感をもてるか
　3）満足できるプランを提案してくれるか
　4）プランに見合った見積金額か
　5）アフターケア制度はしっかりしているか

などが基本になります。私たちはこうしたポイントをしっかりお客様に説明し、理解してもらう必要があります。また、疑問があればどんな細かいことでも質問してもらい、回答した答えをお客様が納得したか否かを見極める必要があります。

　住まいの塗り替えはすべてオーダーメイドです。お客様の要望をこの時点でしっかり理解しておかないと後のトラブルに繋がることになるので、着工前のお客様の要望の確認は特に重要な事項といえます。

第1章　戸建て住宅の営業

② 初回面談

まずお客様の安心を得るために、正確な工事をおこなうことを説明する必要があります。ここでは信用・実績のある専門工事業者団体に加盟していること、国土交通省の登録住宅リフォーム事業者団体に加盟していること、その団体が実施している品質保証システムに加入していること、瑕疵保険の事業者登録をしていること、工事実績＋周辺工事実績に加え、工事に携わる技術者、技能者が保持している資格や実績などを説明することからスタートします。高い費用を払うのですから、お客様が工事担当者の技術レベルを密かに推し量っているのは当然のことです。十分な注意が必要です。

また、ここではお客様がなぜ自社に塗り替えを依頼してきたのかその理由を聞き、どのような要望を持っているのかをしっかりと確認しましょう。お客様の要望に明らかな無理が認められる場合はいきなり否定するのではなく、なぜ適していないか、なぜ無理なのかを丁寧にわかりやすく説明し、納得してもらうことが大切です。あくまでもお客様の立場に立って対応し要望に応える姿勢を忘れてはいけません。

◆ テーマ2．現場を見て確認する ◆

1．現場の確認

　お客様の要望を把握したら、現地を確認します。あわせて施工する住宅の周辺環境も確認する必要があります。
確認するポイント
【現　場】
● 施工箇所、範囲　● 移動、保管を必要とする物品　● 養生が必要な箇所　● 建物の付属品　● 植栽　● 上下水道　● 電源　● 仮設資材置き場　● 駐車場スペース
【周　辺】
● 電線の活線保護の要、不要　● 通勤通学時間帯
● 近隣との境界、人間関係　● 駐車スペース　● 公共のトイレ
● 周辺の駐車状況　● 足場仮設の可否　● 付近の植栽

2．調査診断

　調査診断は、プロの目で見た調査内容を『調査診断書』にまとめ、それを基に具体的にわかりやすく説明し、最終的にはお客様に提出するとよいでしょう。
　可能ならばお客様と一緒に、要望事項のあった箇所に重点をおいて記録（写真、図示）しながら、部位別に劣化箇所を確認しておくと、トラブル防止に役立つでしょう。

注意事項

1）お客様は、あなたの知識レベルが信頼に足りるかどうかを常に推し量っていることを念頭に置いて対処することが肝要です。

2）「調査診断書」などの報告書は迅速にまとめて提出してください。

3）状況に応じて塗料メーカーの協力を得ることも必要です。

4）現場の特徴（立地条件、築年数、塗装改修履歴など）を付記します。

それぞれの部位別に既存の仕様、調査方法、（目視・触診・非破壊検査）、

1．戸建住宅概要						
物 件 名						
所 在 地						
調 査 日	年　　月　　日　　調査員					
立地条件	□標準住宅地　□臨海住宅地　□田園地域　□工業地帯　□市街地　□寒冷地域 □温泉地帯　□その他（　　　　　　　　　　　　）					
住宅構造	木造（真壁造・大壁造・2×4造・その他） ALC・鉄骨造・ブロック造・その他（　　　　　　　　　　　）					

2．工事関係者

施 主 名	
住宅設計事務所	
住宅建設会社	
その他	

3．建築状況

外壁素地の種類	コンクリート・モルタル・ALC・窯業系サイディング・金属系サイディング・木造・ その他（　　　　　　　　　　）
素材種類	
部 位	素　地　　　　　旧仕上げ（塗膜・仕上塗材等）

4．仕上げの劣化状況

項 目	部位 方位		備考
汚れ			
変退色			
光沢低下			
白亜化			
摩耗			
割れ			
ふくれ			
はがれ			
付着低下			
錆発生			
その他			

5．特記事項

お客様確認欄〔サインまたは印鑑　　　　　　　　　　　　　　　　　　　　　〕

図1－1　部位別調査診断報告書の例

調査結果および所見を記録します。

★提案事項　調査項目別に推奨する改修提案を付け加えましょう。

★現況写真　調査部位別に写真を添付しコメントを付けてわかりやすく説明します。

◆テーマ３．進め方を相談する◆

１．塗り替え提案をおこなう

（１）塗り替え塗装仕様書

　調査診断の結果を踏まえて、部位別の塗り替え塗装仕様書を作成します。部位ごとにお客様の要望を取り入れて仕様を決めることが大切です。不具合箇所は写真をつけて現状がこのような状態なので、こういった仕様をお薦めしますなど、より具体的な仕様書を作成するとお客様にとってわかりやすい資料となります。

工程	塗料名	塗回数	標準塗付量 (kg/m²/回)	塗り重ね乾燥時間 (20℃)	希釈剤	希釈率 (％)	塗装方法
1	下地調整	・現場にて下地の劣化程度を判断し、その状況に応じて定められた下地調整をおこなう。 ・高圧水洗は劣化程度に関係なく、共通しておこなう。					
2	下塗り	１液形水系シーラー	1	0.12～0.16	3時間以上	水道水	0～10	ウールローラー刷毛
		水系微弾性フィラー	1	0.30～1.3	4時間以上	水道水	0～5	ウールローラー砂骨ローラー
3	中塗り	１液形水系シリコン樹脂塗料	1	0.12～0.16	3時間以上	水道水	5～10	ウールローラー刷毛
4	上塗り	１液形水系シリコン樹脂塗料	1	0.12～0.16	－	水道水	5～10	ウールローラー刷毛

注）①１液形水系シリコン樹脂塗料の艶仕上げの程度は特記による。
　　②下塗りの種類の選定は旧塗膜の種類、素地の種類等により選定し、各協賛メーカーの特記による。
　　③上記の各数値はすべて標準値であり、施工方法・施工条件により多少の幅を生じることがある。

図１－２　外壁用塗り替え塗装仕様の例

（２）色彩の提案

　仕様の提案と同時に外装全般の色彩についてもお客様と相談することになります。状況にもよりますが３種類程度のカラーシミュレーションの提案は必要です。その際、有償か無償かを明確にしておくことも大切です。

（３）工期の提案

　お客様からの要望や工事量、作業員の動員数、資材、天候、工期などを考慮して、適正な工程表案を作成して、お客様に説明し調整を加えて決定します。

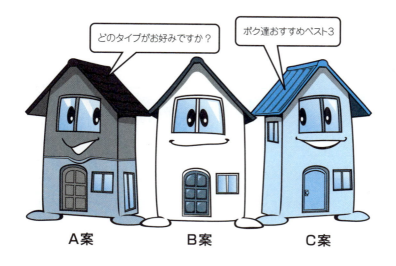

（4）保証制度等の提案・説明

　工事に入る前に、自社が加入している保証制度や工事保険（請負業者賠償責任保険、生産物賠償責任保険）、加入可能なリフォーム工事瑕疵保険など、アフターフォローのシステムを、資料に基づいて説明することで、お客様に安心感を与えることができます。

2．見積書の提出

　お客様の承認を得た仕様に基づいて作成した見積書を提出します。見積書の内容は会社の工事への姿勢をよく表わしています。お客様と打ち合わせた内容がすべて費用に盛り込まれていることがポイントになります。工事項目をわかりやすく説明し、あいまいさをなくすことが大切です。

　記載が不十分だったり、説明があいまいだと、後でトラブルの発生に繋がり、お客様に不信感を抱かせる原因となりますので十分な注意が必要です。

　○○工事一式のような表現は避け、材料費、労務費その他の経費の内訳を明らかにして詳細がよくわかる見積書を作成してください。法定福利費を含む諸経費についても、可能な限りその内容を記載することでお客様の理解をいただくようにしましょう。

見積書はあくまで計画段階のものですから、施工中にお客様の希望で仕様変更の依頼を受けた場合は、工事変更にかかる費用を施工前に追加見積書として提出し、了承してもらうことが大切です。

御 見 積 書

○○○○　様　御中

○年○月○日

見積金額　　　¥△,△△△,△△△

会社名	：	○○塗装株式会社
代表者名	：	□□□□　　　　印
住　所	：	東京都○○区○○町○番
ＴＥＬ	：	03-○○○○-○○○○
ＦＡＸ	：	03-○○○○-○○○○
担当者名	：	□□□□

工事名称　：　○○邸外部塗り替え工事
工事場所　：　東京都渋谷区鶯谷町○-○
工事期間　：　○年○月○日～○年○月○日
支払条件　：　工事完了時現金払い

名　　　称	塗 装 仕 様	数 量	単 位	単 価	金 額	備 考
足 場 架 設 費		160	㎡	○.○○○	△△,△△△円	
屋根・外壁水洗い		240	㎡	○○○	△△,△△△円	
シーリング処理		20	㎡	○.○○○	△△,△△△円	
鉄部ケレン費		20	㎡	○○○	△,△△△円	
屋　　　根	水性シリコン樹脂塗料塗り（3回塗り）	100	㎡	○.○○○	△△△,△△△円	
(着色スレート瓦)	1.着色スレート瓦用シーラー（メーカー名）					
	2.着色スレート瓦用上塗り（メーカー名）					
	3.着色スレート瓦用上塗り（メーカー名）					
外　　　壁	水性シリコン樹脂塗料塗り（3回塗り）	140	㎡	○.○○○	△△△,△△△円	
(塗装系サイディングボード)	1.サイディングボード用シーラー（メーカー名）					
	2.水性シリコン樹脂塗料（メーカー名）					
	3.水性シリコン樹脂塗料（メーカー名）					
鉄　　　部	弱溶剤形ウレタン樹脂塗料塗り（2回塗り）	20	㎡	○.○○○	△△,△△△円	
	1.2液形変性エポキシ樹脂塗料（メーカー名）					
	2.弱溶剤形ウレタン樹脂塗料（メーカー名）					
	3.弱溶剤形ウレタン樹脂塗料（メーカー名）					
安全に関する調査費	アスベスト含有調査				△△,△△△円	
諸　経　費	法定福利費				△△,△△△円	
小　　　計					△,△△△,△△△円	
消　費　税					△△,△△△円	
合　　　計					△,△△△,△△△円	

図1－3　見積書の例

お客様に工事を理解していただき信頼してお任せいただくためには、より詳細な見積書、工事の内容やそれにかかるコストを理解していただける見積書が必要です。そのためには、工事する箇所ごとに工程順に並べた見積書を作ってみると、分かりやすいでしょう。

工事箇所の名称によってはお客様に分かりづらいこともあります。その場合には、写真や図面を使ってどの部分を工事するのか示しましょう。

名称	規格・仕様		数量	単位	単価（円）	金額（円）
1．仮設工事						
外部足場	存置1カ月	材工共	300.0	架m²	○○	○○
ネット養生	存置1カ月	〃	300.0	架m²	○○	○○
1．仮設工事　計						○○○,○○○
2．屋根塗装工事						
高圧洗浄			60.0	m²	○○	○○
下地調整			60.0	m²	○○	○○
塗替塗装			60.0	m²	○○	○○
縁切り			60.0	m²	○○	○○
2．屋根塗装工事　計						○○○,○○○
3．外壁塗装工事						
高圧洗浄			50.0	m²	○○	○○
下塗り			50.0	m²	○○	○○
仕上げ塗り			50.0	m²	○○	○○
3．外壁塗装工事　計						○○○,○○○
合計						○○○,○○○

※規格・仕様は現場に合わせて適切に選択してください。

図1-4　工事箇所ごとに細分化した見積書の例

お客様が望まない追加工事のケースもあります。工事を進めてみて初めて下地の状況が分かったり、サイディングボードにひび割れが見つかったり、築年数や建物の老朽化によっては調査診断の段階では分からなかった不具合が見つかることがあります。場合によっては新たな工事が必要になることがあります。追加工事を行う際には必ずお客様の承認をいただく必要があります。しかし、お客様に事前の心構えがないとトラブルになることもあります。あらかじめ、追加工事の可能性について見積書の中で説明しておくと理解が得やすいでしょう。目安額だけでも記載し、改修工事には予期せぬ追加工事が発生することがあることを説明してくことが大切です。

御見積書

○○様邸　屋根・外壁塗り替え工事

○○○,○○○円（税抜）

> 下地等の状態によっては別途工事が必要な場合があります。
> 工事費目安
> 外壁ひび割れ補修：○○○円／m² 〜

図1－5　追加工事の可能性を説明した見積書の例

〜コラム〜

ドローンを使用した外壁の劣化及び損傷の調査方法

　外壁の劣化及び損傷の調査方法について、国土交通省より改正の通達が出され、無人航空機（ドローン）による赤外線調査は、テストハンマーによる打診と同等以上の精度を有するものと明確化されました。

　外装仕上げ材等におけるタイル、石貼り等（乾式工法によるものを除く）、モルタル等の劣化及び損傷の状況の調査については、平成20年国土交通省告示第282号において、おおむね6ヶ月から3年以内に一度の手の届く範囲の打診等に加え、おおむね10年に一度、落下により歩行者等に危害を加えるおそれのある部分の全面的な打診等を行うこととされています。

　これらの調査方法について、令和4年1月18日付けで平成20年国土交通省告示第282号を一部改正し、打診以外の調査方法として、無人航空機による赤外線調査であって、テストハンマーによる打診と同等以上の精度を有するものを明確化しました。

ドローンの可能性

　（一社）日本塗装工業会技術委員会では、建設DXの一つとして、ドローンの活用を研究してきました。ドローンを使用することで次のようなメリットが得られる可能性があります。

① 屋根に上らずともお客様に状態をリアルタイムでご確認いただくことができる。

② 安全面から現地調査時に屋根に上る回数を減らすことができる。

③ ビフォーアフターや施工中の全体写真が撮れるのでお客様への報告書が充実する。

④ 赤外線を活用できれば、足場を掛けなくても外壁の診断ができる。

⑤ アプリを活用できれば、屋根の撮影と同時に面積も測れる。

⑥ ドローンで撮影した写真を専用ソフトやAIを使用することで3Dデータの作成ができ、より分かりやすくお客様に伝えることができる。

⑦ 大きい物件などでは、人的コストの削減に繋がる。

⑧ 一物件当たりの作業時間が減少し、より多くの物件のメンテナンスが行える。

（一社）日本塗装工業会技術委員会が作成したドローン活用事例（上記①〜③に該当）のイメージ映像をご覧ください。

映像 URL：https://youtu.be/PYuOiWE36R4

◆テーマ４．契約を交わす◆

1. 工事請負契約書 ▶

　見積もりが承認されるといよいよ工事請負契約を結ぶことになります。

　工事請負契約書は、お客様と工事会社が対等な立場で取り交わすべきものですから、お互いの義務と責任がはっきり明記されていなくてはなりません。

　特に工事費・賠償金・損害金などお金に関係する内容は、紛争の原因になりやすいので、細かく決めておく必要があります。

　工事中や完成・引き渡し後のトラブルの解決方法も請負契約書に明記しますお客様に十分理解してもらうよう、丁寧に説明をします。

　また、工期や工事がどのように進んでいくのかを契約時に再度説明しておくことで、無用なトラブルを避けることができます。

図１－６　工事請負契約書の例

契約書に必ず記載しなければならない事項は建設業法第 19 条第 1 項に定められています。以下の内容については必ず書面に残しましょう。

①　工事内容
②　請負代金の額
③　工事着手の時期及び工事完成の時期
④　工事を施工しない日又は時間帯の定めをするときは、その内容
⑤　請負代金の全部又は一部の前金払又は出来形部分に対する支払の定めをするときは、その支払の時期及び方法
⑥　当事者の一方から設計変更又は工事着手の延期若しくは工事の全部若しくは一部の中止の申出があつた場合における工期の変更、請負代金の額の変更又は損害の負担及びそれらの額の算定方法に関する定め
⑦　天災その他不可抗力による工期の変更又は損害の負担及びその額の算定方法に関する定め
⑧　価格等（物価統制令（昭和二十一年勅令第百十八号）第二条 に規定する価格等をいう。）の変動若しくは変更に基づく請負代金の額又は工事内容の変更
⑨　工事の施工により第三者が損害を受けた場合における賠償金の負担に関する定め
⑩　注文者が工事に使用する資材を提供し、又は建設機械その他の機械を貸与するときは、その内容及び方法に関する定め
⑪　注文者が工事の全部又は一部の完成を確認するための検査の時期及び方法並びに引渡しの時期
⑫　工事完成後における請負代金の支払の時期及び方法
⑬　工事の目的物が種類又は品質に関して契約の内容に適合しない場合におけるその不適合を担保すべき責任又は当該責任の履行に関して講ずべき保証保険契約の締結その他の措置に関する定めをするときは、その内容
⑭　各当事者の履行の遅滞その他債務の不履行の場合における遅延利息、違約金その他の損害金
⑮　契約に関する紛争の解決方法
⑯　その他国土交通省令で定める事項

第 1 章　戸建て住宅の営業

◆テーマ５．工事保証とアフターサービス◆

　従来は同業者を保証人に立てて、工事保証をおこなうケースが多かったのですが、最近は専門工事業者の団体組織による保証が主流となっています。

　こうした業界団体による保証制度は発注者であるお客様に対して、たいへん大きな安心を与えることができます。

　また工事会社側もこの保証制度に定められたマニュアルに沿って、しっかりとした施工をおこなうことでお客様から信頼を得られ、リピート受注やお客様による知人の紹介といった新しい受注機会の拡大へ繋げていくことができます。

1．戸建住宅リフォームサービスシステム（ペインテナンス）

　「戸建住宅リフォームサービスシステム」とは、（一社）日本塗装工業会の会員会社が自主的品質管理体制を確立して、施工にあたりお客様に対する【品質保証】を提供するシステムです。

　施工する工事に対し、社内に（一社）日本塗装工業会が養成した、直接工事に携わらない【インスペクター（検査員）】を置き、工事中および完成時に検査をおこない、期中管理を徹底することでリフォーム工事の品質を確保していくシステムです。

2．リフォーム工事瑕疵保険・大規模修繕工場瑕疵保険

　リフォーム工事後に瑕疵(かし)が発見された場合に、その瑕疵を補修するための費用が保険金として工事会社に支払われるものです。例えば塗膜のふくれ、はがれであれば１年間の保証がされます。住宅瑕疵担保責任履行法に基づき厳しい国の審査を受けた瑕疵保険法人が取り扱えるもので、万一保険会社が経営破たんしても他社に引き継がれ必ず保険を支払える仕組みが整っています。また、工事会社が倒産してもお客様が直接保険会社に保険金を請求することができます。工事会社や団体などが行う保証よりもさらにお客様に安心感をもってもらえる保証となっています。詳細は第９章で説明します。

戸建住宅リフォームサービスシステムによる工事の流れ

i 既存住宅の外壁・屋根部分の劣化（痛み具合等）の調査診断

  調査事項： 構造体の種類・壁の分類・既存仕上げの種類・劣化の程度等を調査する。

ii 調査内容に基づく補修・改修の仕様書の作成する。

  仕様書の作成： 劣化状態に応じた補修・改修の方法を選定して仕様書を作成する。
  見積書の作成： お客様の要望を反映考慮した仕様書に基づき見積書を作成する。

iii 仕様書・見積書に基づいて工事契約を締結する。

  請負契約書の交換： 請負金額、施工範囲、アフターフォロー、紛争処理の基準等を明記する。

iv 工事着工

  工　　事： 契約した仕様書に基づき工事に着工する。
       着工後はインスペクターの検査を受けながら施工する。
  ※インスペクターは必ず、既存状況を確認し着手前の状況を把握する。

v 工事施工

  中間検査： 【インスペクター】が下地処理状況検査および下塗り完了時、中塗り完了時等に中間検査を実施する。

vi 工事完成

工事完了後に【インスペクター】はお客様（戸建て住宅所有者）の立会いの下、完成検査を実施し【完成検査報告書】を作成して、お客様の承認を受ける。

vii 【完成検査報告書】を（一社）日本塗装工業会「戸建住宅リフォームサービスシステム」支部実行委員会に提出し、監査人の確認を受ける。

viii 工事会社・（一社）日本塗装工業会会長の連名による「塗膜性能保証書」を発行する。

（注）使用材料はペインテナンス協賛メーカーから選定する。

第1章　戸建て住宅の営業

◆テーマ6．着工準備◆

　お客様と工事の請負契約が締結されたら、次は着工の準備です。お客様との請負契約を遵守するための体制を整えます。お客様の満足感を得るためには、受注活動を通して得た情報や要望事項を営業担当者から現場責任者に的確に伝えなければなりません。

　情報伝達が不十分だと、現場責任者とお客様の間でトラブルを引き起こす原因になります。

　仕事の成功は、会社・営業・現場・お客様の意思疎通が十分成されてこそ成就します。意思疎通のためのコミュニケーションが重要なポイントとなるので、「打合せ」のマニュアル化や充実が必須となります。

1．施工体制を整える

　施工現場を担当する現場責任者と技能者を決めます。合わせて付帯工事である足場工事会社などの外注先を決定します。

　メンバーが決まったら、各工事の現場担当責任者が集合して着工打合せ会を開催し、契約した工事内容の確認をします。特に足場の搬入日と架設日、塗材、機器類の搬入日と仮置場、塗装作業着手日など、主な工事日程の決定は重要です。

2．工事範囲の確認

　下地の種類によっても異なりますが、下地処理作業が必要かどうかの確認と、その数量を確認します。例えば、調査診断で下地にひび割れが発生していれば、ひび割れ処理を必要とする箇所が何カ所・〇〇mあるなどです。

　次に塗装範囲を確認します。通常、戸建て住宅の塗り替えではほぼすべてが塗装対象になることが一般的ですが、使われている素材によっては塗装しない部位もあります。工事が終了してから「ここが塗装してなかった」とか「塗装してはいけない箇所を塗装してしまった」などのトラブルが起きないように事前に確認することが肝要です。

塗装する範囲を確認したら、塗装部位ごとの面積を算出します。外壁〇〇㎡、屋根は〇〇㎡など詳細に算出します。外壁などに複数の色を使用するケースでは、色相別に面積を算出する必要があり、算出した塗装面積は塗材発注の基準になります。

3．塗装仕様の確認

　契約した塗装仕様を確認します。部位別にどの塗料を使用するのか、あわせて色相も確認してください。
　屋根、破風、樋、外壁、軒天、手すりなど、それぞれ塗装仕様が異なりますので、部位別に下地処理の程度、下塗り、中塗り、上塗り、塗り回数、希釈剤、塗付け量、塗り重ねに必要なインターバルなどを確認して塗装作業の工程計画を立てることが大切です。結果として必要な施工日数が把握できます。
　気象条件など、自然環境の基で塗装作業をおこないますので、工期に天候による順延なども加味しておくことが必要です。

4．工期・お客様との約束事の確認

　仕事が順調に進むかどうかは、お客様との約束事を確実に履行できるかどうかにかかっています。現場で発生するトラブルの多くは、「約束したとおりに仕事をしてくれない」といったお客様の不満が大半を占めています。
　工事期間は契約時に説明し、実作業に入ってからは作業計画に基づいて施工します。当初説明した工程計画と異なるようならお客様にその理由を説明して、了承を取り付けます。
　その他、営業段階での約束事は、お客様の確認を取りながら作業を進めることが肝要で、そのことによりコミュニケーションがよくなり、作業も順調に進むことになります。

5．安全管理の確認

　工事期間中は足場を組んだり、普段見かけない人の出入りが多くなったり、死角が生じたりと防犯面での安全性が低下します。そのため、しっかりした防犯対策をとることでお客様に安心していただくことができます。

　たとえば、足場仮設後は窓のカギを必ず閉める等の注意事項を書面で渡したり、必要に応じて補助錠を貸し出したりしてもよいでしょう。作業員も一目で工事会社の従業員と分かるよう統一したり専用のベストを着用するなど工夫して安全性を高めるように配慮します。

第2章
戸建て住宅施工前の準備

　営業担当者から現場担当者への引き継ぎが完了すると、いよいよ現場施工のはじまりです。

　着工前には品質、工期、安全の確保など、現場の進捗を円滑にするための準備が大切です。

　この章では、施工前の留意点について解説します。

テーマ7．品質・工期・安全を確保するために ◆◆◆◆◆◆◆◆◆◆◆◆◆◆◆　24

テーマ8．現場の進捗を円滑にするための準備 ◆◆◆◆◆◆◆◆◆◆◆◆　28

テーマ9．着工前の心掛け ◆◆◆◆◆◆◆◆◆◆◆◆◆◆◆◆◆◆◆◆◆◆◆◆◆　32

◆テーマ7．品質・工期・安全を確保するために◆

営業担当者から現場担当者への引き継ぎを終え着工準備が完了して、いよいよ現場施工が始まります。何事も初日が重要です。まずは、現場が始まる着工前に見落としや準備不足がないかを十分に確認してください。

1．施工計画書（工程表）の作成

施工計画書（工程表）の作成にあたっては、現場責任者（担当者）の目で現場を確認することが重要になります。まず営業段階でお客様に約束したことや、施工仕様書の記述が現場とかけ離れている所はないか、見落としがないか、などを検証します。

そのうえで、契約した工事内容を満たすように作成します。施工計画書（工程表）は、工事着工前の準備から完成までの工事の流れをわかりやすく表すものでなければなりません。

現場関係者の誰が見てもわかる表現にすることが肝要で、変更時には、内容がわかるように修正していきます。

目的は工事の進捗状況を関係者全員が確認できる施工の可視化にあります。

2．お客様との打合せ

着工前にお客様とコミュニケーションを取ることを忘れてはなりません。お客様は、工事が完了して、納得できる仕上がりを確認するまで不安を持っています。

意見のキャッチボールでコミュニケーションUP

この不安を緩和するのが工事会社の信頼性です。お客様の信頼を得るためには、面倒がらずに接点を多く持つことです。幸い戸建て住宅はお客様が生活している場ですから、接点を持ちやすい環境にあります。

　まずは着工前に、お客様に工事の流れを掴んでもらいます。その上で、色相や仕上がり感の承認、最も相応しい施工方法の説明などを通じて意思疎通を図ります。質問に対しては、的確に、わかりやすく納得してもらえるまで根気よく説明し、曖昧な回答は避けましょう。その場で回答ができないことは、持ち帰って確認し、必ず早めに回答することが必要です。督促があってから回答するようでは効果が半減してしまいます。誠実な対応の積み重ねが、工事会社の信頼性を高めることになります。

　打合せ内容は打合せメモを必ず取り、お客様の確認のサイン（印鑑）をもらっておきます。このことで、後の「言った言わない」のトラブルを防ぐことになります。

3. 打合せ議事録（メモ）の作成

　工事が終了するまで、お客様との打合せ時にはメモを取りましょう。打合せ議事録として、現場名、日時、打合せ出席者名を記載し、打ち合わせた内容を記録します。お客様からの申し出も同様です。記録した内容はお客様に確認してもらうことが大切です。確認してもらったら、サイン（印鑑）をもらうとよいでしょう。

4. 作業手順書の作成

　施工計画書に基づいて作業手順書を作成しますが、作業手順書は、作業の中で発生するムリ、ムラ、ムダを取り除き、「安全に、早く、できばえ良く、能率的に仕上げる」ために、一連の作業を最も効率的でよい順序に

並べ、作業上の急所を付け加えたものです。
　作業手順書は、誰が作業しても「基準通り」の同じ成果を得るために必要なツールです。
　作業手順書は、準備作業、本作業、後片づけ作業など工事の進捗のステップごとに分けて作成するとわかりやすくなります。
　例えば、準備作業には「作業前ミーティング」「用具の点検」「その日の作業内容の確認」などがあり、本作業は、「養生」「下地処理」「塗装作業」など、塗装工事本来の作業に分類して記載します。後片づけ作業は「整理、整頓、清掃、清潔」など、本作業終了後におこなう作業で、翌日の作業を円滑に進めるためにおこなう作業です。作業手順書を活用することで作業の効率化を図り品質を高めるなど作業員の資質を向上させることができます。

5．近隣へのあいさつ

　着工前に、近隣居住者に工事内容や着工時期、工期（工事日数）などを事前に周知するためのあいさつは工事会社の役目です。必要に応じてお客様に同行していただくのもよいでしょう。あいさつで訪問する際には、誠意を伝える程度の手みやげを持参する場合もあります。
　工事が始まると、高圧水洗や塗装作業中に水や塗料が飛散する恐れのある場合や、騒音が発生する場合、溶剤系塗料を使用する場合の臭気など、近隣に迷惑がかかる可能性のある作業をおこなう場合があります。事前にいつどのような作業をおこなうかを周知し、必要に応じて対応策（ベランダの洗濯物などの取り込みなど）をお願いすることも必要になります。
　また、近隣居住者に、化学物質過敏症などの障害を持つ方がいらっしゃるかどうかも確認しておく必要があります。

6. 工事看板の設置 ▶

　工事が始まる前に、工事現場の目立つ場所に工事看板を設置します。

　工事看板には、工事の詳細を周知する工事標識（下図）と安全対策など
に用いるものがあります。

　現場の状況に応じた工事看板を設置して、自社ＰＲや安全対策などに有
効活用してください。

工　事　標　識	
工事名	○○様邸塗り替え塗装工事
発注者	○○　△△　様
工事期間	○○年○月○日〜○○年○月○日
請負業者	(株)○○塗装店
連絡先	渋谷区鷺谷町19−22 【電話】03−○○○○−○○○○

◆テーマ8．現場の進捗を円滑にするための準備◆

1．確認作業 ▶

次の項目について、お客様と打合せをおこない、工期・施工内容を確認しましょう。

① 工期の確認

（1）着工日の確認
（2）足場の搬入日、足場架設日の設定
（3）中間検査日の設定
（4）完成立会検査日の設定
（5）足場解体日の設定
（6）引き渡し日の設定

② 施工内容

（1）塗装仕様の確認（塗装部位ごと）
（2）使用塗料およびメーカーの確認（お客様の要望があるか）
（3）塗装色の確認（最終）
（4）仕上がり感の確認（見本帳か塗り板見本か）
（5）主な塗装方法の確認（下地調整を含む）

2．資材の購入と保管 ▶

資材購入にあたっては、次のことに注意して発注します。
（1）塗装仕様に基づいて、発注する塗料名、色相と数量を確認する。
（2）納期を確認する。
（3）納入期日、納入場所（保管場所）を確認する。

必要とする資材の発注に際しては、納入場所や保管場所などを決めておかなければなりません。戸建て住宅の場合、敷地面積に余裕のないことが

多いので、資材倉庫の設置ができないのが一般的です。そのため、必要最小限の資材を、決めた場所に保管することになります。作業終了後は決められた場所に整理整頓して保管し、外部から見えないようにシートなどで覆っておきます。当日使用しない資材は自社の倉庫に保管し、当日の作業に必要な量を現場に持ち込むようにしてください。

　危険物は、原則的に現場に保管せず、毎日持ち帰ります。止むを得ず危険物を現場で保管する場合は、盗難予防のため、鍵のかかる場所が必要になります。この場合でも保管量は、危険物の指定数量以下になります。消火器の設置も忘れずにおこないましょう。

3．必要書類の作成

① 施工時に必要な許可申請

　戸建て住宅の塗り替え工事に必要な申請及び届け出は、その内容や規模によって異なります。法令や行政指導の規制を受けることもありますので十分確認するようにしてください。

　大規模工事と違い、小規模工事では確認申請や防火消防計画、労働安全衛生規準など各種の基準を超えないことが大半ですが、提出義務が生じるか否かは作業内容や作業条件によって異なります。

　住宅が道路沿いにあり路上で作業をおこなう場合、小規模であっても市

町村の道路使用許可が必要となります。道路使用許可申請（所轄警察署）、道路占用使用許可申請（道路管理者）など関係機関へ申請して、許可を受けることが必要です。許可申請を提出する場合、地域によって異なりますが使用面積によって予納金が必要な場合もあります。許可取得日数を見越しての期間を事前に把握し、着工前の許可を取得しておくことが必要です。

　また必要に応じて次の機関についても事前に手続きをすませておくことが必要となります。

　1）水　道　局　…　分水機の設置、引き込み口の変更など
　2）電力会社　…　安全機材の感電防止カバーの取り付け、契約電力の
　　　　　　　　　　変更など
　3）ガス会社　…　ボイラーの移動など
　4）電話会社　…　回線移動、増設、切断など
　5）そ　の　他　…　室外機の移動、植栽の処置など

② 各種保険の手続き

　着工に先立ち、必要とする各種保険の手続きをすませておきます。工事の保険としては政府が取り扱う労働災害保険と、民間保険会社で取り扱う各種労働災害保険、賠償責任保険などがあります。

　1）損害保険　…　工事中に目的物に損害を生じた場合の支払処置をします。
　2）請負業者賠償責任保険　…　工事中に他人の身体・財物に損害を与え、賠償責任を負った場合に保険金が支払われます。
　3）労災総合保険　…　工事中に従業員（下請け人を含めても可）が業務災害を被り、死亡したり後遺症が残ったり、休業した場合において政府労災の上乗せとして保険金が支払われます。
　4）生産物賠償責任保険　…　工事完成後、その工事における不具合によって他人の身体や財物に損害を与え、賠償責任を負った場合に保険金が支払われます。飛散塗料によって財物に損害を与え、賠償責任を負った場合などにも保険金が支払われます。
　5）瑕疵保険　…　工事完了後に見つかった瑕疵(性能、品質が確保できていないこと）に対して補修のための費用が保険金として支払われ

ます。万一工事会社が倒産してもお客様が直接保険金を請求すること
ができるため、消費者保護に優れた保険です。

◆テーマ9．着工前の心掛け◆

　施工計画書の基本的目標は、お客様と請負者が意図する構想と目標に向かって、工事をもれなく計画通りに完成させることです。達成するためには、作業手順書を遵守して、各工程を施工計画書に基づき的確に進めていくことが大切です。請負者、管理者、現場責任者は工事に着手する前に、施工物の品質を明確に定めておきます。そして、定めた品質を実現するための施工方法や管理方法を工種別に記しておきます。請負者はお客様に対し、施工計画書を提出して、施工担当者の蓄積した技術、知識、経験などを詳しく説明して、専門業者の技術を最大限に活かすよう努力し、目的を達成する旨を伝えます。お客様からの理解を得てから作業に着手することが大切です。

1．現場作業員の心構え

　お客様との商談は、紹介によって契約まで至る場合や、個人営業によるものなどさまざまです。しかし、いずれの場合も会社の技術力、信用度、工事力などはっきりした確信のないまま依頼する場合が多いものです。現場責任者や工事主任技術者は、お客様の信用を獲得するよう真摯に対応しなければなりません。
　技能者は無言で、仕事ができればよかった時代もありましたが、最近ではお客様の信用を得るためには次のことが重要です。

（1）あいさつができる
（2）身だしなみがきちんとしている
（3）感じがよい
（4）愛想がよい（話しやすい）
（5）受け答えがしっかりできる
（6）頼み事を快く実行してくれる
（7）不便を気遣ってくれる
（8）工程ごとに作業を説明してくれる
（9）丁寧な仕事をしてくれる
（10）近隣に対して配慮する

たとえば、近隣への配慮として、足場の組立時の音に注意をし、周囲の迷惑にならないよう作業開始時間を決定することが挙げられます。

　お客様から信用を得ることは長く遠い道のりですが、接触機会が増えるほど信用度を増すチャンスは多くなります。善処することに努力を惜しんではいけません。万一、不快な印象を与えてしまった場合はお客様の不快感、不安感を取り除くように、早急に対処しましょう。

　近年ではお客様との接触機会が少なくなりつつありますが、仕事は人が成すことです。塗り替え工事はよくできて当たり前の世界なので、コミュニケーション不足からトラブルが発生し、利益が出るどころか、損失が発生してしまうこともあります。

　工事会社側の都合を無理に押しつけるようなことはせず、信頼関係を構築するために接触機会をうまく活用して、関心を抱いてもらうように努力してください。そのような社員教育を徹底することも重要なことです。

第2章　戸建て住宅施工前の準備

完璧な仕事をするのは、あたり前。挨拶から服装までお客様に不快感を与えません。

第3章
戸建て住宅施工中の留意点

　戸建て住宅の塗り替え市場は、小規模の建築会社をはじめ、特化して訪問販売の手法を駆使する塗装会社や塗装以外の専門工事業者、電力会社、ホームセンター、家電販売店、さらに塗料メーカー、塗料販売店まで参集して受注活動を展開しています。

　成熟期を迎えた塗り替え市場では、高度な技術・技能と安全安心を網羅した総合的な施工品質をお客様に提供し、満足度の向上を図らないと競争に勝ち残れなくなってきています。

　この章では、戸建て住宅の塗り替え施工に必要な留意点を解説します。

テーマ10. 毎日の確認と足場組立作業時の留意点 ◆◆◆◆◆◆◆◆◆◆◆ 36
テーマ11. 下地調整時の留意点 ◆◆◆◆◆◆◆◆◆◆◆◆◆◆◆◆◆◆◆◆ 39
テーマ12. 塗装作業中の留意事項 ◆◆◆◆◆◆◆◆◆◆◆◆◆◆◆◆◆ 41
テーマ13. 作業後の留意点 ◆◆◆◆◆◆◆◆◆◆◆◆◆◆◆◆◆◆◆◆◆ 45
テーマ14. 施工管理 ◆◆◆◆◆◆◆◆◆◆◆◆◆◆◆◆◆◆◆◆◆◆◆◆◆ 47

◆テーマ10. 毎日の確認と足場組立作業時の留意点◆

1．毎日確認すること

（1）お客様に対する作業着手のあいさつ　担当：施工管理者
 1）当日の作業内容を施工計画書に基づいてお客様に周知します。
 2）お客様に協力を要請する事項がある場合は、お客様の要望に十分配慮しながら調整します。

（2）安全ミーティング　担当：全員
 1）作業員の服装や防護具の着装状態や顔色をお互いにチェックします。
　※軽い体調不良の人には「軽微な作業に配置」したり「休憩」させたりして、無理をさせてはいけません。状態によっては作業をさせずに医師の診断を受けさせるなど適切な処置をおこなってください。
 2）一日の作業内容と完了目標を全員に周知徹底させます。
 3）全員に当日の作業に伴う危険要因を周知し、危険回避の具体的方策を確認します。
 4）お客様の要望事項、当日の予定、行事などを周知し、作業の進め方や順序・施工方法に配慮を加えます。
 5）喫煙場所、トイレ利用の注意事項、電源、水道などの使用方法を確認します。

2．足場組立作業の始業前点検作業

（1）着工前日までに点検し、当日もう一度確認する事項は次の通りです。
　1）足場組立に支障をきたす物置や備品は移動、仮置きする場所を確認します。
　2）足場資材の搬入路、搬入時間帯、仮置き場所の確認をします。
　3）監視員や警備員の配置が必要かどうかの確認をします。
　4）ガレージや植木など移動不可能な障害物の有無を事前に確認します。

（2）足場組立当日の確認事項は次のような内容です。
　1）足場資材の曲がりや亀裂、腐食などがないかを確認します。
　2）根がらみとなる土台の状態を把握します。
　3）隣家、近隣の状況、風向き、強風など気象条件を配慮した塵埃の飛散防止対策の実施状況に手違いがないか確認します。
　4）足場組立に伴い、危険要因の発生が予想される箇所への立入禁止措置ができているか徹底します。
　5）窓、出入口、換気口の開閉状況を、室内への塵埃侵入防止の観点から点検します。

3．足場組立作業における施工中の留意点

　足場組立、解体の手順を手順書に基づいて作業員全員に現場で確認することを徹底します。

（1）足場組立
　1）第三者に対する立入禁止措置、危険場所の表示をわかりやすくおこない、監視員が必要な場合は配置をしてから作業に着手します。
　2）足場組立に際しては、根がらみ、作業床の幅、隙間、幅木、足場板のはね出しと重ねしろ、手すり、筋かい、昇降設備など『作業の急所』を確認しながら組み立て作業をおこないます。
　3）ブラケット、ジョイント金具、作業床の締め付けは十分におこない、組立完了後に再度すべてを点検します。

4）組立作業中の転落を防止するため、墜落制止用器具を使用します。

5）塵埃や結束ヒモなどの小物の飛散や足場資材の落下に十分配慮して
作業を進めます。

6）組立完了後、足場材のはね出し部や出入りに支障をきたす箇所には
衝突防止対策を講じます。

◆テーマ11．下地調整時の留意点◆

1．下地調整作業の始業前点検

1）調査診断結果に基づき、劣化現象とその度合いを確認します。
2）劣化箇所は、下地と既存塗膜とに分けて補修、復旧を施します。
3）居住者や近隣居住者に、高圧水洗作業などをおこなう旨を連絡しているか再度確認します。
4）特に洗濯物などに注意します。

2．高圧水洗作業中の留意点

1）高圧水洗前に、建物内部に水が浸入しないように、養生を十分におこないます。
2）第三者や居住者、備品や自動車に洗浄水が飛散しないように、作業中立入禁止処置や養生、移動をおこないます。
3）高圧水洗は、原則上部からおこない、汚水による汚れなどが既存塗膜に残らないようにします。
4）既存塗膜の劣化状況を把握しながら、適正な水圧で、丁寧に洗浄します。

3. 下地調整、下地補修施工中の留意点

(1) 下地の劣化程度に応じた補修をおこないます。
(2) 主な下地の劣化現象と処置
　1) モルタル面のひび割れ
　　・0.3mm以上のひび割れにはシーリング材を充填する。
　　　シーリング材は仕上材、ひび割れの大きさなどを考慮して選択する。
　2) サイディングボードの反りや浮き
　　・釘留めなどで平滑にする。
　　・目地のシーリング劣化部分は撤去の上、替え打ちする。
　3) コンクリート面のひび割れ、鉄筋腐食、爆裂
　　・0.3mm以上のひび割れは、VカットまたはUカットし、樹脂モルタル、シーリング材を充填する。
　　・鉄筋腐食は防錆処理する。爆裂箇所は、樹脂モルタルなどで埋め戻す。

(3) 主な既存塗膜の劣化現象と処置
　1) ふくれ、浮き、はがれなど
　　・これらの塗膜を残して塗装すると、短時間でのはく離などに結びつくことがあるので、入念に除去する。
　　・高圧水洗と手工具を併用して、劣化塗膜は除去する。
　2) 模様のある塗膜を部分的に除去した場合
　　・仕上がり精度を高めるために、除去した部分の模様合わせをおこなう。

◆テーマ 12. 塗装作業中の留意事項◆

1. 養生作業の留意点 ▶

1）養生は塗装作業中に塗装する箇所以外の物や部分を汚したり、損傷させないための処置としておこなう場合と、仕上がった塗装面を汚れや損傷から保護する役目とがあります。
　養生作業が完全におこなわれることによって飛散を防ぎ、塗装作業の能率を高め、最も重要な品質（仕上がり）を確保することができます。
2）養生には、粘着テープや養生シートなどが使用されます。
3）出入口や窓は開閉できるように養生します。
4）湯沸かし器や風呂釜の給排気口などの養生は、給排気に支障のないようにおこない、毎日作業後に必ず取り外します。
5）養生シートや養生マスカーなどは、風などの影響で暴れないように、しっかりと固定します。
6）植栽など動かせない物には、汚染防止の養生を十分におこないます。
7）風などにより塗料が落下する範囲を見込んで、飛散防止養生を確実におこないます。

2. 塗装作業の始業前点検 ▶

1）使用する足場の作業床、昇降設備、手すり、養生シートなどに不具合がないか安全確認します。
2）立入禁止など、第三者に対する危険回避措置が正しくおこなわれているか、しっかりと現場を確認します。
3）使用機器、機材の整備状況を試運転または目視によって確認します。
4）納入された使用塗材が仕様書と合致しているか、色相、数量、変質などの異常がないかを作業前に点検します。
5）下地調整の不具合がないかを確認します。
6）塗装する周辺の養生がしっかりされているか、チリ際の浮きや未養生箇所へ飛散しないかを確認します。

7）墜落制止用器具の確認をします。

3．塗装作業施工中の留意点（一般事項）

1）契約した塗装仕様に基づき、仕様通りの工程で塗装作業をおこないます（希釈率、工程間隔時間、最終養生時間、塗り付け量、二液型塗料の混合割合や可使時間等）。
2）塗り残し、塗料のタレ、流れ、塗りムラなどがないように丁寧に塗り付けます。
3）風速、気温、湿度、降雨など気象条件が施工基準の範囲内か確認します（気温5℃以下、湿度85％以上の場合、原則として塗装をおこなわない）。

4）塗装機器、刷毛、ローラーブラシ、工具は整備されたものを使用します。
5）塗料は原則として調合された塗料をそのまま使用します。ただし粘度は下地面の状態、気温などに応じて適切に調整し希釈剤は規定のものを使用します。
6）塗材類は未開封で現場に搬入して、規格番号、名称種別、製造年月日、数量の確認をおこない、保管においても直射日光下や高温多湿な場所は避けるようにします。
7）有機溶剤による中毒を回避するために、換気や防毒マスクを着装するなど、適正な処置をおこないます。
8）塗装箇所の周辺や床などに汚染、損傷を与えないように注意し、必要に応じて適正な養生をおこないます。

9）火気に注意して、爆発や火災などの防止対策に万全を期します。塗料の付着した布片などは自然発火する恐れもあるので作業終了後、速やかに水の入った容器内に浸漬するなど適正に処理します。
10）溶剤系塗料やシンナー類は特に厳しく管理し、毎日の作業終了後に必ず持ち帰るようにします。

4．刷毛、ローラーブラシ塗り作業中の留意点

1）ローラーブラシは、各塗り工程の塗材に適したものを選択し、塗材を均一にムラなく塗布します。特に塗継ぎ部は半乾燥時に塗り重ねるとローラーパターンが変わるので注意が必要です。
2）刷毛やローラーブラシは、抜け毛や塗料カスなど塗装仕上げに支障をきたさないものを用います。
3）多孔質ローラーを使用してパターン付けする作業においては、ローラーの目の大きさによってパターンの大小が出るので、目の大きさの同じものをそろえて作業します。
4）下げ缶、ローラーバケットは安定した場所に置き、転倒や落下などには十分配慮してください。
5）隅、チリ回りなどは小刷毛や専用ローラーを用いて塗装し、全面が均一になるように丁寧に塗ります。
6）養生マスカーやマスキングテープの取り外しは塗膜の硬化や塗膜厚を考慮して、見切り線に乱れがなく、テープの粘着剤が残らないように注意が必要です。

5. 吹付け塗装作業中の留意点

1) 吹付けガンの種類、口径、吹付け圧力などは塗材の性状や仕上げの種類に応じて、適切なものを選択してください。
2) 吹付け塗装作業時では吹付けガンの運行は下地面に対して垂直に保ち、吹付け距離と運行速度を一定に保つことが大切です。
3) 塗装機器、エアコンプレッサーなどの設置は、土台の安定した場所とします。また騒音、排気にも留意し、隣家や近隣居住者に十分配慮した場所に設置してください。
4) 足場上で吹付け塗装作業をおこなう場合は足場の縦地、布板、ブレスなどの部分に模様や塗布量の過不足によるムラが生じないように作業します。
5) 塗料の飛散、臭気、塵埃の拡散防止対策は万全におこないます。
6) 養生マスカーやマスキングテープの取り外しは、塗膜の硬化や塗膜厚を考慮して見切り線を乱すことなく、テープの粘着剤が残らないようにおこないます。

◆テーマ 13. 作業後の留意点◆

1. 毎日の終業時点検 ▶

1）足場内、塗装終了箇所への立入禁止措置や第三者に対する危険回避措置を確認します。
2）塗装機器、工具、塗材、養生材、廃棄物などの片付けや収納状況を点検します。
3）出入口、窓、換気扇、排気口などが作業終了後にお客様が問題なく使える状態になっているかチェックします。
4）掃除や片付けに不備がないか、もう一度点検します。
　※全ての点検は降雨、突風など気象変化も考慮して対処します。

2. 塗装作業完了時の点検 ▶

1）塗り残し、塗材のタレ、ムラ、亀裂、養生の取り忘れ、その他の確認をします。
　※不具合があった場合は直ちに是正します。
2）塗装をしなかった部分（窓ガラス、照明器具、室外機ほか）に塗料の飛散や汚れ、キズ、損傷がないかをしっかりと確認します。異常があれば直ちに是正します。
3）備品、室外機、物置などが元の場所に正しく復旧、設置されているか確認し、掃除や片付けをしっかりとおこないます。施工前に写真を撮っておけば原状復帰の際に確認できます。
4）脚立、塗装機器、工具、塗材、養生材、その他持ち込んだものが全て撤去されているか、確認します。

3. 足場解体作業の始業前点検 ▶

1）着工前日までに点検し、当日再度確認する事項
- 足場資材の搬出経路、搬出時間帯。

第3章　戸建て住宅施工中の留意点

- 監視員や警備員の配置が必要かどうかの確認。

2）解体当日の確認事項

- 隣家、近隣の状況、風向き、強風など気象条件を配慮した塵埃の飛散防止対策の実施状況に手違いがないかの確認。
- 室内への塵埃侵入防止の観点から、窓、出入口、換気口の開閉状況を点検します。

※足場の壁つなぎ部分の模様合わせ、仕上げ塗装は解体の進捗に合わせておこないます。

3）足場解体作業における施工中の留意点

- 足場組立、解体の手順を手順書に基づいて、作業員全員に確認することを徹底します。
- 第三者に対する立入禁止措置は、危険場所の表示をわかりやすくおこない、監視員が必要な場合は配置をしてから作業に着手します。
- 解体作業中の転落を防止するため、必ず墜落制止用器具を使用します。

◆テーマ 14. 施工管理◆

1. 一般事項に基づいておこなう管理 ▶

1）可燃性塗材の保管が、関係法令に基づいて正しくおこなわれ、安全衛生および火災防止措置がおこなわれているかを管理します。

2）気象条件や社会的制約、取り決め事項を遵守して施工がおこなわれているか管理します。

3）塗装現場の周辺や近隣居住者、第三者に対する安全衛生上の対策が適正におこなわれているかを管理します。

4）塗り方（刷毛、ローラーブラシ、吹付、コテ）は施工部位や塗材に適した工法でおこなわれ、色境、チリ際、出隅、入隅に乱れがないか確認します。

5）一日の作業終了時に清掃、片付けをおこなっているか管理します。

2. 施工計画書、仕様書に基づいておこなう工程管理 ▶

（1）工　　程　塗回数、研磨、下地調整等は仕様書通りの工程で正しく施工されているか。

（2）塗　　材　仕様書に記載されている塗材が使用されているか。（規格番号、規格名称、種類及び数量、異常の有無、2液型塗料の主剤と硬化剤の混合割合や可使時間）

（3）塗付け量　施工要領書に示した面積当たりの塗付け量は確保しているか。（塗料容器の空き缶などで確認する。）

（4）工程間隔　工程内間隔時間、工程間間隔時間、最終養生時間は正しく守られているか。

3. 社内検査 ▶

1）期中検査は①着工前 ②下地調整完了時 ③下塗り完了時 ④中塗り完了時または各工程の期中におこない、不具合は直ちに是正します。

2）完了検査は工事完了後にお客様の立ち会いのもと、仕様書に基づい
て実施し、途中経過の説明はチェックリストによりおこなってくださ
い。

3）不具合は直ちに是正して、その後、お客様の検査を受けてください。

施工中

業務チェックシート　　　　　　**塗 装 工 事**

目　的	建物の保護及び美観機能の付与
注意事項	工程・品質・安全管理を確実に行い、顧客満足度を高める。

材料準備	☐　1．納入塗料の種類や色相が見本品または見本板と相違ないかの確認をおこなったか。 ☐　2．使用する塗料材料の規格番号・規格名称・種別・法規等の表示・ロットなどの確認を 　　　おこなったか。 ☐　3．仕様書に示された塗装材料・工法が、部位、素地等に適合しているのかの確認をおこなっ 　　　たか。 ☐　4．SDSを入手し内容を確認して、現場に保管していたか。
塗装工程	☐　1．使用材料や塗り回数を確認したか。 ☐　2．各工程の塗り重ねインターバルを守っているか。 ☐　3．気象条件（温度・湿度・天候など）を確認して施工しているか。 ☐　4．作業条件（足場・照明・換気・安全など）を確認して施工しているか。 ☐　5．使用する塗装器具・工具の整備状況を確認をしてから施工しているか。 ☐　6．規定された標準塗付け量でムラなく施工しているか。 ☐　7．見本品または見本板の確認をし、同等の施工をおこなったか。 ☐　8．素地（下地）調整の程度は仕様書通りおこなったか。 ☐　9．2液形塗料は規定通り配合し、十分攪拌の上、可使時間内に施工したか。
塗装後	☐　1．完全乾燥までのインターバルを考慮したか。 ☐　2．手直しを必要とする箇所は速やかに是正し、確認したか。 ☐　3．下地調整材等に起因した仕上がりムラが生じていないかの確認をおこなったか。 ☐　4．つやムラ・意匠（模様）等に不具合がないのかの確認をおこなったか。 ☐　5．補修方法は確立されているか。

図3－1　チェックシート

４．施工記録書の記入内容 ▶

（１）対象家屋の概要
- 物件名、所在地、全景写真
- 住宅構造／　木造、鉄骨ＡＬＣ造、鉄筋コンクリート造、その他
- 立地条件／　市街地、住宅地、臨海住宅地、寒冷地、その他
- 元施工会社、改修塗り替え履歴、その他

（２）調査診断状況
- 調査診断実施日、調査方法、調査員
- 外部仕上げの詳細／　モルタル系、木質系、窯業系、金属系、その他
- 部位別の素地、既存仕上げの詳細

（３）部位別の劣化状況
- 劣化部位は撮影し、記録写真票に状況の説明と劣化度を記載します。（汚れ、変退色、光沢低下、白亜化、摩耗、欠損、亀裂、ふくれ、はがれ、付着低下、発錆）

（４）仕様書
- 調査診断を踏まえて、対象家屋の塗り替えに最も適した内容の塗装仕様を立案します。

（５）施工計画書
- 「着工打合せ」　から　「完了引き渡し」　までを工程ごとに区切って、留意事項や作業のポイントを示した内容の計画書を作成し、　管理の指針とします。

（６）チェックリスト
- 施工計画書に基づいた「チェックリスト」を作成して、工程の進捗と施工状況を記録します。ポイントとなる施工状況は撮影して、状況説明をつけて記録写真票に記載します。
- チェックリストの記載は、施工管理者または職長が毎日おこないます。

第３章　戸建て住宅施工中の留意点

49

第4章
戸建て住宅施工後のポイント

　「終わりよければすべて良し」といわれるように、工事終了後の業務は重要です。

　戸建て住宅の塗り替えは、お客様が生活している場での工事であることが特徴で、マナーを守って、安全によい仕事をすれば、かなりの確率でお客様にリピーターになってもらえます。加えて塗り替えした住宅の周辺には、お客様になる可能性を持った、多くの近隣居住者が、工事に注目していることを忘れてはいけません。事実、（一社）日本塗装工業会が実施している戸建て住宅リフォーム事業のアンケート調査によると、半数以上のお客様がクチコミによって工事会社の選択をしていると回答してます。

　この章では工事終了後にお客様満足度を高めるための必要な業務について述べます。

テーマ 15. 工事記録 ◆◆◆◆◆◆◆◆◆◆◆◆◆◆◆◆◆◆◆◆◆◆◆◆◆◆◆ 52

テーマ 16. 工事完了 ◆◆◆◆◆◆◆◆◆◆◆◆◆◆◆◆◆◆◆◆◆◆◆◆◆◆◆ 54

テーマ 17. 定期検査とクレーム対応 ◆◆◆◆◆◆◆◆◆◆◆◆◆◆ 56

テーマ 18. 戸建て住宅塗り替え市場のまとめ ◆◆◆◆◆◆◆ 58

テーマ 19. 施工および作業手順の失敗例 ◆◆◆◆◆◆◆◆◆ 61

◆テーマ 15．工事記録◆

お客様と施工者の間で「言った、言わない、やった、やらない」というあいまいさがトラブルの原因となっていることが多々あります。これは営業段階から工事終了まで共通する問題ですが、工事終了後に顕在化する例が大半です。

トラブルを未然に防ぎ、大きなトラブルに発展しないようにするための対策としては、工事記録が整理されているか否かが重要なポイントとなります。工事記録帳に工事内容が明確に時系列で整理されていれば、後日クレームが発生したときに有効な弁明資料となります。ではどのようなことを記録しておけばよいのでしょうか。

① 工事の範囲 … どの部位を塗装するのか

塗装工事中や塗装終了後に「あの部位は塗装してもらうはずだった」とか「あの部位は塗装しないはずだった」などの齟齬が発生することがあります。塗装範囲は施工前に確認されてなければいけませんし、契約事項として明記されてなければなりません。契約をするときはお客様に確実に確認してもらい、承認を受けサインをもらって記録しておきましょう。

② 塗装仕様 … どのような工程で何回塗装するのか

塗装の仕様には下地処理（補修を含む）から最終仕上げまで多くの工程があります。トラブルの多い下地処理の事例に、さびの除去程度や劣化塗膜の除去の程度があります。仕様書には「さびは完全に除去する」とか「既存塗膜を完全に除去する」としていながら、実際はさびを十分に除去しなかったり、既存塗膜をほとんど残して塗装してしまうことや、塗り回数が3回塗りとなっているのに2回しか塗らない場合があります。職人に聞いたら「ローラーを縦横に塗っているから2回塗りだ」と言い訳する、笑い話のような事例もあります。

これらの行為すべてがお客様の不信・不満を増長させ、業者不信に結びついてしまいます。

可能な限り、工程ごとにお客様に完了確認をしてもらい、承認印やサインをもらって整理しておきましょう。

③ 打ち合わせの記録　… 何を打ち合わせたか

　お客様からの申し入れや、工事会社からお客様への申し入れをした場合は、相互にサイン（承認印・押印）を交換して記録を残し、打ち合わせ記録として整理保管しておきましょう。

④ 工事日報　… 日々の工程を記録する

　工事日の天候や工事の進捗状況を知る資料となります。毎日の工程をしっかりと記録し整理保管しておきましょう。

⑤ トラブル、クレーム処理報告書　… 工事中のトラブルを記録する

　工事中に発生したトラブルや、お客様からのクレームは、内容を詳細に記録して、どのような対処をしたかを明記しておきます。お客様からのクレームに対しては、処置後に承認印かサインをもらっておきます。

　これらの工事記録は会社にとって、今後の営業展開のツールとして貴重な財産になります。しっかりと管理するようにしましょう。

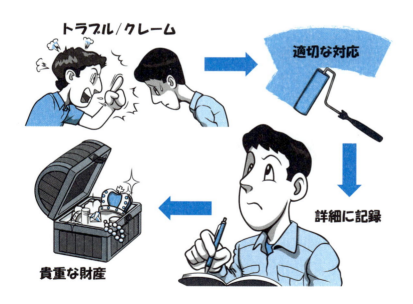

第4章　戸建て住宅施工後のポイント

◆テーマ 16. 工事完了◆

1. 工事完了の確認 ▶

　お客様とのトラブルに「知らない間に足場が取り外されていて細部の確認ができなかった」「補修を頼んだのにきちんと直していない」などの事例があります。完了検査は、工事が完了したことをお互いが確認する重要な工程であり、工事代金を支払ってもらうための手続きです。完了検査はお客様の立会のもとで確実に実施してください。

① 社内検査の実施と不具合の是正

　工事が終了したらお客様の検査を受ける前に、自社の第三者による現場チェックをおこなうとよいでしょう。第三者から見た指摘があれば速やかに不具合を是正します。その後にお客様の完了検査を受けるようにします。

② お客様による検査

　検査をするに当たっては足場がある間に検査してもらうか、足場を外して検査を受けるかを確認しておく必要があります。お客様が要求した状態で検査を受け、手直しなどの指摘事項は詳細に記録をしておきます。手直しは速やかにおこない、再度検査を受けます。最終承認を得たら承認印またはサインをもらって工事完了です。

③ 完了報告書、保証書、請求書の作成

　検査報告書など、工事が完了したことを証明する書類に、保証書を添付してお客様に提出します。あわせて工事代金の請求書も提出します。保証書は保証年数など営業段階で確認されている内容に基づいた書式のものを提出します。保証書はお客様に工事後の安心感を与え、お客様のリピート化、クチコミによる受注機会の拡大に繋がる大きなアイテムですので、必ず提出するようにしましょう。

２．お客様満足度の確認

　工事完了日、または後日でもよいのでお客様満足度を確認するアンケートを採ると、今後の営業ツールとして参考になるでしょう。アンケート項目についてはあまり多くならないようにポイントを絞った内容にしましょう。

　【アンケート項目の例】
　（１）営業員の対応はどうでしたか。　①よい　②普通　③悪い
　　　①良かったことのコメント
　　　②悪かったことへのコメント
　（２）現場の技能者の対応はどうでしたか。　①よい　②普通　③悪い
　　　①良かったことのコメント
　　　②悪かったことへのコメント
　（３）工事中に不具合はありませんでしたか。　①なかった　②あった
　　　①不具合があった場合の対応に対する感想は？
　（４）工事完了後に不具合がありましたか。　①なかった　②あった
　　　①不具合があった場合の対応に対する感想は？

◆テーマ 17. 定期検査とクレーム対応◆

1. 定期検査の実施 ▶

　お客様はリピーターであり宣伝マンでもあります。地理的条件にもよりますが1年点検、3年点検、5年点検などをこまめにおこなってお客様との接点を繋げておくと受注機会の拡大に効果があります。また、施工現場の近くを訪れたときにあいさつに伺うことも次の注文に繋げる有効な手段となります。

　施工が正常におこなわれていれば、塗膜ほど強靱なものはありません。

　自信を持って現場を訪問し、できればお客様と一緒に点検するようにしましょう。さらにご近所に対しても、施工実績と施工後も点検に来ている旨をアピールすれば一石二鳥となります。

　点検記録は日付、会社名と担当者名を明記してお客様に提出しておきましょう。

2. クレーム発生時の対応 ▶

　万が一クレームが発生した場合は、できる限り早く現場を訪問することです。早く訪問すればするほどお客様は安心感を抱きます。お客様の指摘をお客様の立場に立って聞き、現場を調べて対策を検討します。この場合すぐに結論が出るクレームなのか、さらに調査が必要なクレームなのかの判断が重要となります。専門家としてしっかり判断し、お客様の信頼を失わないように対応しましょう。

　一つの例を紹介します。長期化した塗膜はく離のクレームの顛末です。

　最初、現場を調査した段階で部分的にはく離していたので、周辺をケレンして補修塗りをしました。まもなく他の場所がはく離してきたので再度手直しを依頼しました。この手直しが数回続いた後、工事会社が面倒がって手直しに来てくれなくなったというのです。このような事例は間違いなく会社不信に結びつきますし、訴訟問題に発展した例もあります。

この事例では、はく離の原因を究明しないまま、場当たり的な処置を施したことがトラブルを大きくした要因です。滅多にはく離する事のない塗膜がはく離したのですから、重大な事故ととらえて対策を打つべきだったのです。クレームが発生した場合の対応の善し悪しは、お客様の工事会社に対する信頼感を大きく左右します。お客様に納得頂ける対応をするように肝に銘じてください。

クレームに対しての第1回目の対応が不適切であると、雪だるま式にトラブルが増加する可能性があります。

3. 近隣へのＰＲ

　工事が完了したら近隣の居住者に工事が終了したことを報告し、可能ならば現場を見てもらうとよいＰＲになります。当然のことですがお客様の了解が必要です。近隣への完了報告は報告であるとともに実績をアピールする営業活動でもあります。受注に繋がるよう、手を抜かないようにしてください。

◆テーマ18. 戸建て住宅塗り替え市場のまとめ◆

1．大切なのは信頼感

　戸建て住宅の塗り替え工事を受注し施工することは、通常の商売となんら変わることはありません。しかし、通常の商売が形の見えるものを商品として販売することに対して、塗装業では受注後、液体である塗料を塗装して塗膜という商品を作る過程を一緒に売ることになるので、施工が完了してからでないと、お客様に商品の良さをアピールできないというところに商売の難しさがあるといえます。

　自動車や電化製品などであれば、工場生産された完成品を購入時に気がすむまで見たり、チェックすることができ、納得できるまで質問することもできます。場合によっては返品することも可能です。ところが塗装業では、形のない段階でお客様は契約をせざるを得ないので仕上がりに対する不安も大きい訳です。気に入らないからといって返品することもできません。完成後の出来映えがよければ問題ないのですが、契約段階でのお客様のよりどころは、安心して契約できる説明と、発注する工事会社への信頼感なのです。

2．わかりやすい見積書

　第1章で説明したように、お客様との折衝から現場の診断、仕様の提案、使用塗料の性能、見積書の内容などを、いかにわかりやすく明確に説得力をもって説明できるかが受注の大きなポイントとなります。特に見積書の内容を簡潔にわかりやすくすることがトラブルの防止や工事会社に対する不安を取り除くことになります。

　トラブルになりやすい見積書の悪い例として「○○邸塗り替え工事一式○○円」とか、塗装部位別に記載されていても「外壁塗装一式○○円」「屋根塗装一式○○円」などの表示です。「一式」という表記では見積りの内容を検証することすらできないため、「約束と異なる塗装をされた」「塗装して欲しい場所を塗装していないが、要求すると追加工事になると言われ

た」などというトラブルやクレームに繋がりかねません。何度も申し上げますが、見積書はお客様がきちんと内容を確認できる表記になっていなければ意味がありません。わかりやすい見積書の作成を心掛け、お客様からの説明に対しては納得されるまで丁寧に答えるようにしましょう。

3．適正価格を明示する

　また大幅な値引きをすることにも問題があります。見積金額からの大幅な値引きをすることや、「この地区のモデルになって欲しいので半額で施工する」などは常識的に考えれば受注のためのテクニックとしか思えません。そもそも見積書は受注しようとする工事を、お客様に納得してもらうように説明する資料であり、適正な利益を組み込んだ、会社の意思を提示する書類です。本来大幅な値引きは考えにくいのです。大幅な値引きがで

第4章　戸建て住宅施工後のポイント

きるということは、正常な見積金額に値引き分を付加してあると考えられます。不安要素の多い見積書を提示して、お客様に不安を持たれると他の工事会社の相見積もりを取られることになります。

　現在では相見積もりは当たり前になってきていますが、相見積もりを取られても自社の見積金額の根拠をしっかり説明できるような内容になっていれば受注に結び付けることは難しくありません。

　戸建て住宅の塗り替え市場に参入するのであれば、本書に記載してある内容を理解して、お客様が納得する施工品質を提供し、適正な利益を得ることができ、社業発展の柱になると思います。

◆テーマ19. 施工および作業手順の失敗例◆

vol.1
発泡気泡軽量コンクリート（以下ＡＬＣ）の外壁塗り替えに、指定材料（平滑つや消し塗料）を塗装して仕上げたが、経過とともにフクレが発生してきた。

処置
フクレが発生した箇所の塗膜を除去し、フィラーなどを充填してから上塗りで補修塗りした。

原因
ＡＬＣ表面は粗面であり、フィラーなどを充填して表面を平滑にしないと直射日光などにより粗面に残った空気が膨張して、塗膜を押し上げてフクレが発生することがある。

今後の対策
- 施工時、ＡＬＣのような粗面は、フィラーなどを用いて十分充填して平滑な面とする。
- 施工後は、必ず充填が十分な箇所がないか点検する。

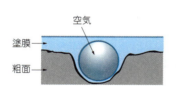 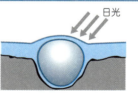

vol.2
新生瓦屋根を塗り替え後、数ヵ月後の雨天日に漏水が生じた。

原因
新生瓦は板状の屋根材で、これを重ねて屋根構造としている。板と板が重なっているが、重なった部分に隙間が空いていれば、万が一、裏面に水が回っても水は流れ落ちる。しかし、塗装したことにより板の重なり目が塗料により埋まってしまうと、水は流れ落ちずに内部に浸入してしまうことがあり、この結果漏水に結びついたと考えられる。

第4章 戸建て住宅施工後のポイント

| 今後の対策 | 新生瓦を塗装した場合は、必ず板と板の重なり目を点検して、重なり目を塗料がふたをしているようであれば、カッターなどを用いてふたをしている塗膜を切り、隙間を空ける。この作業を縁切りという。また、下塗り後にタスペーサーと呼ばれる部材を隙間に挟み上塗りをおこなうことで雨水の浸入を防ぐこともできる。 |

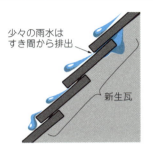

vol.3

塗装した屋根の塗膜がはがれてきたので、塗り替えたが、短時間で塗膜がはがれてきた。

原因

屋根に限らず、塗膜剥離が発生している場合は、剥離していない塗膜も、付着力が低下していることが考えられる。
通常は、剥離している塗膜は除去してから塗装するが、剥離していない塗膜は残して塗装してしまうことが多い。この場合、剥離していない塗膜であっても付着力が低下していれば、塗り替えた塗膜の影響で剥離することがある。

今後の対策

- 屋根に限らず、既存塗膜の付着力は重要である。特に剥離の発生している場合は、付着力試験をおこなうなどして、既存塗膜の付着力を確認する。
- 付着力の低下が認められたら、付着力の低下した箇所は全て除去してから塗装する。
- 付着力の低下した塗膜が残った箇所は再度、短時間で剥離してくるので注意が必要である。

第4章　戸建て住宅施工後のポイント

vol.4

外壁を塗り替え後、短時間で細かいフクレが発生してきた。一度補修したが短時間で再発してきたため、再調査後、再々補修としてワイヤーブラシでフクレを撤去してから塗装した。

原　因

下地調査を正確におこなわなかったため、下地の劣化状況を実際より軽度と判断した。

本来ならピンホールを埋めてから塗装しなければならないところを、フクレをワイヤーブラシでつぶして塗装することにとどめた。

フィラーなどの厚膜に塗ることができる塗料で、ピンホールを十分に埋めてから塗装しなければ解決しない。

今後の対策

塗り替えをする既存塗膜には大なり小なりクラックやピンホール、傷などが発生していることが多いので、塗り替え仕様を決める際には既存塗膜の状態をしっかりと調査することは当然であるが、下塗りフィラーなどを用いると安心である。

vol.5

弾性リシンが塗装された高断熱型外壁（軽量モルタル）に対して通常の塗り替え塗装を行ったところ、半年後南面に塗膜膨れが発生した。

原　因

高断熱型外壁（軽量モルタル・窯業サイディングなど）の壁面温度は非常に高くなるため、既存塗膜が弾性リシン・弾性スタッコ等の場合、高温時塗膜が柔らかくなり水蒸気圧により塗膜膨れが発生した。熱による空気の体積変化と比べて水蒸気の体積変化は非常に大きいため、比較的大きな膨れが発生しやすい。

今後の対策

- 改修塗装を避ける。
- 塗装する場合は、全面電動サンダーで既存塗膜を除去し、カチオンフィラーで面調整後、改修塗装を行うこととなり、非常に高額となる。
- 国内の主要メーカーの単層弾性等では、架橋性塗膜となり改善されているが、国外品、古い既存塗膜(20～30年前以前)に残っている可能性がある。

vol. 6

新生瓦屋根の改修に、淡彩色で高日射反射率塗料（遮熱塗料）を塗装したところ、数年後に緑色汚れが発生した。

処置

部分的に、清掃後、藻の除去剤で脱色し処理した（数年後、同様な処理を依頼した）。

原　因

塗料は、低汚染・防藻・防かび仕様であったが、木々の脇の塗膜に藻・落葉・汚れ等が発生した。程度は軽微であったが、淡彩色であったため、目立ってしまった。

今後の対策

淡彩色の場合、汚染が目立ちやすいのを事前に了解を取り付ける。難しい場合は、中彩色に変更してもらう。

vol. 7

冬季に瓦棒屋根を弱溶剤形ウレタン樹脂塗料（2液型）で上塗りし、翌日仕上がり状況を検査すると、全面に白華がみられ、まだら模様にツヤがなくなってしまっていた。

処置

全面を目荒らしし、再度上塗り塗料を塗りなおした。その際に、夜間の結露（湿気）により塗膜が白華しないよう、午後2時までの作業とした。

| 原　因 | 冬季の屋根、特に金属屋根は急激な温度低下が原因となり、結露することが想定される。完全に硬化乾燥していない塗膜は、湿気により白華現象が発生し、塗膜表面において、所定の品質が得られない。|

| 今後の対策 | 気温が低い冬季の施工は、特に屋根においては夜間の結露が想定されるので、硬化乾燥時間を考慮したうえで、施工時間の工程管理が必要となる。急な降雨等も同様で、天候、気温等を考慮し管理することが肝要である。|

第4章　戸建て住宅施工後のポイント

集合住宅 編

第5章
集合住宅の営業

　集合住宅の特徴は、規模の大小はあるものの、いろいろな生活者（以下居住者）が1つの建物に住んでいることです。その結果、居住者は自己責任で専有部分を管理し、集合住宅居住者全体責任でその他の共有部分を管理しなければなりません。

　専有部分は決められた規則を守れば個人の意思で改修できますが、共有部分は居住者の意見の合意が必要です。合意形成には居住者から選ばれた管理組合や修繕委員会などが担当するのが一般的です。

テーマ 20. 見積もりへの参加 ◆◆◆◆◆◆◆◆◆◆◆◆◆◆◆◆◆◆ 70

テーマ 21. 工事会社に選ばれるポイント ◆◆◆◆◆◆◆◆◆◆◆◆◆ 77

テーマ 22. 着工準備 ◆◆◆◆◆◆◆◆◆◆◆◆◆◆◆◆◆◆◆◆◆◆◆◆◆ 80

◆テーマ 20. 見積もりへの参加◆

１．見積もり参加業者の選定

　見積もりへの参加形態としては、日常訪問による営業活動からお客様の要請に応じて見積もりをする場合や最近増えているのが公募（新聞やインターネットなど）による見積もり業者募集に応募することです。

　訪問型の場合はお客様側との折衝の中から見積もり条件などを詰めていきますが、公募型では見積参加要件が示され、示された要件を満たすことからスタートすることになります。提示される参加要件には会社の資本金、建設業の許可、改修工事実績などを求められることが多いようです。要件を満たすと会社案内や改修工事実績表、経営事項審査結果などの提出が求められ、審査されることになります。

　審査に通過すると、該当集合住宅の改修工事情報をもとに見積もりに参加していくことになります。

ネットや新聞で公募情報を入手し、その条件を満たしているかチェックする。

2．現場説明会への参加

　改修工事に対するお客様側の要件が説明される現場説明会に出席します。この場合のお客様側の代表は規模によって異なりますが、オーナーであったり、管理組合や修繕委員会であったり、場合によっては管理会社や設計会社ということもあります。
　参加した工事会社は提示された要件に基づいて見積書を作成することになります。不明な点は質疑応答書による書面での確認が一般的です。

3．見積書作成の準備

① 調査診断の実施

　改修工事の見積もりで最も重要な作業が調査診断です。古い年代の集合住宅では、低層で鉄筋コンクリート（以下ＲＣ）モルタル仕上げが多く、その後は高層化され、鉄骨鉄筋コンクリート造（以下ＳＲＣ）やプレキャストコンクリート造（以下ＰＣ）が多くなっています。また、その他金属部分などの見積もりがあります。
　一般的な調査診断では、各種構造の躯体部分に関わる診断と、外壁など共用部分に塗装された塗膜診断があります。最近はこのほかに防水部分の診断を含むことが多くなっています。
　調査診断には目視と器具を用いた診断があります。

（1）躯体に関する調査診断
　1）ＲＣモルタル造
　　・診断の中心　モルタルの浮きや剥落、ひび割れなど
　　　モルタルの浮きは注入などによる補修、剥離部はモルタルなど（樹脂モルタル・ポリマセメント）による埋め戻し、ひび割れは0.3mm以上ではＵカットまたはＶカット後のシーリング材の充填などで補修します。
　2）ＳＲＣ造
　　・診断の中心　ひび割れ、鉄筋腐食による爆裂や剥落など

第5章　集合住宅の営業

ひび割れは 0.3mm 以上ではＵカットまたはＶカット後のシーリング材の充填、鉄筋腐食部の補修は劣化の度合いによりますが、基本は腐食した鉄筋を露出させて、防錆処理を施してから補修材で埋め戻すことになります。

3）ＰＣ造

- 診断の中心　ひび割れや欠け、特に目地シーリングの劣化状態の把握が重要です。

　ひび割れや欠けの補修はＳＲＣ造と同じです。ＰＣ造で大切なのは目地です。目地に充填されたシーリング材が劣化すると漏水などの原因となります。目地のシーリング材を十分に点検して、劣化程度によっては打ち増し工法や打ち替え工法で施工することになります。

4）金属部

- 鉄　部

　腐食の程度（さびの進行程度）がポイントになります。鉄部塗装ではさびの除去が重要で、腐食の進行程度でケレンの経費が大きく異なってきます。

　鉄製の手すりなどでは付け根の腐食が著しく進行し、補強や取り替えになることもあります。

- アルミニウム部

　鉄のような広範囲に及ぶ腐食はありませんが、腐食すると素材の内部へ浸食します。腐食部表面をケレンして防錆処理をおこないます。

② 既存塗膜に関する調査診断

　塗り替え終了後に塗膜が剥離することは重大な事故であり、決してあってはならないことです。既存塗膜の診断の基本は、塗り替えた塗膜がはがれずに、長期にわたって建物を保護する塗膜を形成するための調査となります。塗膜がはがれずに健全であれば、選択した塗膜の性能や機能が十分に発揮されることになります。

　調査診断は、塗り替えのための調査診断なのか、一歩進んで建物寿命の予測まで含めた調査診断なのかによって調査に伴う経費が大きく異なってきます。

現場説明会で説明されると思われますが、調査診断の経費負担も含めて確認する必要があります。ただし、中小物件では工事会社側がサービスで調査診断して仕様書を提案することもあります。

表5-1　躯体に関する調査内容と調査方法

診断方法	調査内容	調査方法
現地での診断	ひび割れの発生程度とひび割れの幅を測定する。	クラックゲージによる。
	コンクリートの浮き・鉄筋爆裂の確認	打診ハンマー・目視による。
	コンクリートの欠け・剥落の確認	目視
	モルタルや磁器タイルの浮きの確認	打診ハンマーなどによる。
	中性化測定	コア抜きし、フェノールフタレンで判定する。
	シーリング補修部の確認	目視
	コンクリートの強度確認	シュミットハンマーによる測定
	手摺り付け根など埋め込み部の劣化	目視
	漏水の有無（主に軒天）	目視
その他の診断	躯体の浮き	赤外線による測定
	コンクリートの強度確認	圧縮強度測定機による測定
	躯体内部の劣化診断	内視鏡による診断
	鉄筋の配筋確認	鉄筋探査機による診断

表5-2　既存塗膜に関する調査内容と調査方法

調査内容	調査方法
既存塗膜の付着性	①接着力試験機による（凹凸面などの測定に用いる） ②アドヒジョンテスターによる（平滑面の測定に用いる） ③クロスカットテストによる（平滑面の測定に用いる）
塗膜のはがれ・浮き	目視中心で、皮すきや打診ハンマーなどにより状況・程度を確認する。
塗膜のひび割れ	目視による。 ひび割れ幅はクラックスケールで測定する。
塗膜のふくれ	目視による。 皮すきなどにより状況・程度を確認する。特に水の影響がないかを確認する。
白亜化（チョーキング）	黒い布などを用いて、拭き取りで確認する。
カビ・藻など生物汚染	目視による。 必要に応じてスタンプテストなどでカビの種類を特定することができる。
さびの発生	目視による。 さびの発生程度は、「さび発生標準判定写真」などで判断することができる。

第5章　集合住宅の営業

表5－3　既存塗膜の劣化現象と評価

グループ	劣化現象	評　価
塗膜表面の劣化	変褪色・光沢度低下・白亜化（チョーキング）	すぐに塗膜の重大欠点には結びつかないが、確実に劣化が進行していることを示している。塗膜の重要機能である美粧性に影響が大きい。
	汚れ・摩耗	すぐに塗膜の重大欠点には結びつかないが、確実に劣化が進行していることを示している。塗膜の重要機能である美粧性に影響が大きい。
塗膜内部の劣化	ふくれ・割れ・はがれ・3種混合	塗膜の重大欠陥であり、早い時期に改修したい。それぞれの劣化現象に至る原因がいろいろあるので、診断と同時に劣化原因を把握することが重要である。原因により、塗り替え前に構造や下地などの処理が必要になる。
	トップコートの変化（第1層目）主材の変化ふくれ・割れ・はがれ・3種混合	第2層目（主材等）以下に影響を与える前に改修することが望ましい。塗膜の重大欠陥であり、早い時期に改修したい。それぞれの劣化現象に至る原因がいろいろあるので、診断と同時に劣化原因を把握することが重要である。原因により、塗り替え前に構造や下地などの処理が必要になる。
付着性	下地との付着性	改修時には最も重大な項目である。付着強度により、既存塗膜を全面除去するか部分除去でよいかの判断が重要になる。付着強度の弱い塗膜を残して改修すると、短期間で剥離事故に繋がる。
素地を含む塗膜劣化	素地からのふくれ・割れ・はがれ・3種混合	塗膜の重大欠陥であり、早い時期に改修したい。それぞれの劣化現象に至る原因がいろいろあるので、診断と同時に劣化原因を把握することが重要である。原因により、塗り替え前に構造や下地などの処理が必要になる。

③ 報告書の作成

　調査診断結果に基づいて、躯体補修、下地補修、推奨塗装仕様などを報告書にまとめて提出します。報告書は写真を活用し、わかりやすくまとめる方が好印象を与えます。

4．見積書の作成

　診断結果に基づいて、躯体補修仕様、下地補修仕様、下地調整仕様、塗装仕様、その他防水等付帯工事を含めて見積書を作成します。見積書はお客様からみて不明な点がないように、明確でわかりやすく作成しましょう。ただし、調査診断は足場のない状況での目視診断が中心なので、足場を掛

けて詳しく診断したときの躯体補修の範囲や程度、下地補修の範囲や程度などに差が生じることもあります。このような場合にあとで問題が起こらないように見積書の中には差が生じた場合の差額の扱いなども明確にしておくとよいでしょう。

　塗装仕様の提案は重要です。居住者側の意向を反映した仕様提案であることをしっかり説明できるようにします。使用する材料メーカーも提示すると具体性が増します。ただし、使用材料メーカーに対して、お客様側の意向があるのかないのかは確認しておく必要があります。

　見積書では工事内容が説明できなくてはなりません。塗装箇所によっては一式でないと示すことがむずかしいこともありますが、一式形態の見積もりは最小限にとどめましょう。

　見積もりには、現場事務所、電力設備、給水設備、仮設トイレ、足場などの仮設備の見積もりも必要となります。

　材料置き場や駐車場（業者・居住者）などの確保も重要です。

現地事務所、電力設備、給水設備、
仮設トイレ、足場 etc…
その他もれはないかなぁ

第5章　集合住宅の営業

75

見積書は施工会社の意思決定資料でもあり、工事費がいかに合理的であり、適正であるかをお客様に納得してもらうための説明書であることを忘れてはいけません。

◆テーマ21. 工事会社に選ばれるポイント◆

1. プレゼンテーション

　調査診断結果に基づいてお客様への説明をおこないます。一般的にプレゼンテーションは管理組合や修繕委員会に対しておこなうことが多いです。

各戸により異なる意見や要望

修繕委員会 委員長

　複数の工事会社が見積もりに参加している場合は、このプレゼンテーションでの説得性や整合性が、工事会社選定に大きく左右します。お客様を惹きつけるためにも、用意する説明資料の内容や見せ方が重要です。最近ではパワーポイントを使った資料説明が多くなってきていますから、全体の流れの中で、改修のポイントをわかりやすく説明できるといいでしょう。

2. カラープランニング（色彩計画）

　色彩の善し悪しは改修工事のお客様満足度を大きく左右します。
　色を選択する要素としては、①居住者に快適さを与え　②街並みと調和し　③飽きのこないことが大切です。無難な色選択には、改修前の色や改修前の色に近い色を選ぶ方法がありますが、これですとあまり変わり映えはしません。反対にせっかく塗り替えるのだからイメージを変えてみるということもあります。どちらも立派なカラープランニングです。要は居住者合意のもとで色を決定すればよいのですが、色の好みは「十人十色」でなかなか一つにまとめるのはむずかしいものです。
　そこで活用されるのが居住者以外の第三者が作成するカラープランニングです。一般的には工事会社にカラープランニングを提案するように要請することが多いでしょう。

現在はカラーシミュレーション技術が進歩しているので、実際の建物写真に彩色した色彩提案ができます。居住者の要望を聞いて、カラープランニングを３案程度作って提案します。提案数が多すぎるとかえって決まりにくくなりますので、注意して下さい。カラープランニング案を用いて、居住者投票などで決定すれば居住者の合意に結びつきますから、工事会社側にとって最も望ましい形となります。

　カラープランニングについては有償サービスなのか、無償サービスなのかは確認しておくことが必要です。基本的には有償サービスでよいと思います。

　色彩が決定しましたら、必ず承認印をもらっておきましょう。

第５章　集合住宅の営業

◆テーマ22. 着工準備◆

　めでたく工事会社として決定すると、現場での作業を円滑に進めるために十分な着工前準備が必要になります。

　この段階は、会社と現場代理人・現場工事会社・協力業者との意思疎通が大切です。（足場工事・防水工事・シーリング工事・塗装工事など）

1. 現場代理人を含む施工体制の決定

（1）現場代理人の選任（プレゼンテーションの前に要求されることもあります）

　事業者の代理人として現場経営をする立場であり、工事会社は書面をもって適任者を現場代理人として選任しなければなりません。現場代理人はお客様と会社を結ぶ窓口となります。それだけに施工現場を十分把握しておく必要があります。

（2）下請契約

　受注した工事で自社では施工できない職種は、工事会社を選択して下請け契約します。

（3）主任技術者の選任

　建設業の許可を受けた会社は、元請であっても下請であっても、工事現場には主任技術者を置かなければなりません。

（4）監理技術者の選任

　特定建設業の許可を受けて、元請として受注した場合は4,500万円（建築一式は7,000万円）以上を下請に出すときは、主任技術者でなく監理技術者を置かなければなりません。

２．契約内容の把握 ▶

　工事の範囲、工事の金額（実行予算）、工事期間（工期）、工事変更の処理方法など着工する前に契約内容を仕様書などで確認しておきましょう。

　契約した内容によっては他職種の手配も必要となります。

　仕様書は工事を進める上での道案内であり、工事を正しく施工するための指導書ともいえます。また工期はお客様と契約した完成品を納品する時間的な約束ですから、安易に延ばすようなことがあってはいけません。

　このようなことを加味して施工計画書や施工要領書、作業手順書などを作成することになります。

（１）施工計画書

　施工計画書は、工事の施工方法、工程、品質管理、施工技術管理、労務・資材などの調達計画、安全管理、環境保全、現場組織、資金、予算などその工事を施工するために必要なすべての計画が網羅されているものです。

（２）施工要領書

　施工要領書は、工事開始前に予想されるさまざまな施工上の問題を工事の進行につれてどのように対処すべきか、事前にその要領を示したものです。

（３）作業手順書

　作業手順書は、作業内容を主な工程ごとに分解して、作業を進める上で最もよい順序に並べ、工程ごとにポイントを付け加えたものをいいます。

　作られた作業手順書は、正しい作業の進め方の順序を示したもので、安全衛生や作業能率、品質の面からみた作業のやり方を示したものです。

３．工事内容の確認と各種仕様の確認 ▶

　現場代理人が外壁塗装工事や金属塗装工事、防水工事、シーリング工事など契約した工事範囲を確認します。工事範囲が不明な場合は請負会社に確認し、それでも不明な場合はお客様に確認しましょう。

　この時期に発注漏れや契約漏れがあれば、お客様に申告し、打ち合わせをおこないます。

あわせて工事箇所ごとの工事仕様書を確認します。使用材料のメーカー指定があれば指定メーカーに発注します。このときは色相も確認します。ただし、状況によって指定メーカー以外の材料を使用する場合は、必ずお客様の了解を得るようにします。

工事仕様書に疑問があれば会社に確認し、それでも不明であればお客様に確認して、合意を得てから着工します。

第6章
集合住宅施工前の準備

　この章では施工前段階に下地処理を含んだ改修部分の品質、計画通りの工期、適正な価格、そして工事中の安全を確保するためにはどうすべきかを説明します。

テーマ23.　品質と工程・工期管理 ◆◆◆◆◆◆◆◆◆◆◆◆◆◆◆◆◆◆◆◆◆◆　84
テーマ24.　作業環境の安全確保 ◆◆◆◆◆◆◆◆◆◆◆◆◆◆◆◆◆◆◆◆◆◆◆　89
テーマ25.　工事着工前打ち合わせ ◆◆◆◆◆◆◆◆◆◆◆◆◆◆◆◆◆◆◆◆◆　93
テーマ26.　必要事項の確認 ◆◆◆◆◆◆◆◆◆◆◆◆◆◆◆◆◆◆◆◆◆◆◆◆　95

◆テーマ23. 品質と工程・工期管理◆

1. 施工計画書 ▶

　工事の品質を保つためには、綿密に作成した施工計画書が重要です。

　施工計画書には、工事見積書に記載されている工事明細すべての項目が網羅されていなければなりません。

① 足場架設計画

　足場架設計画は、施工する集合住宅の立面図と平面図から架設図を作成しますが、必ず労働安全衛生法に基づいたものにしなければなりません。

労働安全衛生規則抜粋

（通路、足場等）

　（架設通路）

第552条　事業者は、架設通路については、次に定めるところに適合したものでなければ使用してはならない。

一　〜　三　（略）

四　墜落の危険のある箇所には、次に掲げる設備（丈夫な構造の設備であつて、たわみが生ずるおそれがなく、かつ、著しい損傷、変形又は腐食がないものに限る。）を設けること。

イ　高さ85センチメートル以上の手すり又はこれと同等以上の機能を有する設備（以下「手すり　等」という。）

ロ　高さ35センチメートル以上50センチメートル以下のさん又はこれと同等以上の機能を有する設備（以下「中さん等」という。）

五・六　（略）

　（作業床）

第563条　事業者は、足場（一側足場を除く。第3号において同じ。）における高さ2メートル以上の作業場所には、次に定めるところにより、作業床を設けなければならない。一・二　（略）

三　墜落により労働者に危険を及ぼすおそれのある箇所には、次に掲げる足場の種類に応じて、それぞれ次に掲げる設備（丈夫な構造の設備であつて、たわみが生ずるおそれがなく、かつ、著しい損傷、変形又は腐食がないものに限る。以下「足場用墜落防止設備」という。）を設けること。

イ　わく組足場（妻面に係る部分を除く。ロにおいて同じ。）　次のいずれかの設備
（１）　交さ筋かい及び高さ十五センチメートル以上四十センチメートル以下の桟若しくは高さ十五センチメートル以上の幅木又はこれらと同等以上の機能を有する設備
（２）　手すりわく
ロ　わく組足場以外の足場　手すり等及び中桟等
四　腕木、布、はり、脚立その他作業床の支持物は、これにかかる荷重によつて破壊するおそれのないものを使用すること。
五　つり足場の場合を除き、床材は、転位し、又は脱落しないように二以上の支持物に取り付けること。
六　作業のため物体が落下することにより、労働者に危険を及ぼすおそれのあるときは、高さ十センチメートル以上の幅木、メッシュシート若しくは防網又はこれらと同等以上の機能を有する設備（以下「幅木等」という。）を設けること。ただし、第三号の規定に基づき設けた設備が幅木等と同等以上の機能を有する場合又は作業の性質上幅木等を設けることが著しく困難な場合若しくは作業の必要上臨時に幅木等を取り外す場合において、立入区域を設定したときは、この限りでない。

　架設図には、昇降階段の位置、一段目からの関係者以外の者の侵入防止対策や塗料の飛散防止対策、落下防止対策などを盛り込みます。
　架設工事完了後は、架設図通りになっているかを必ず確認します。

② 下地処理工事

　下地処理工事は原状機能回復のため、それぞれの補修箇所の補修方法や材料などを明記する必要があります。また、既存塗膜が存在する場合は付着強度を測定して、５kg f/㎠未満の塗膜は原則除去します。除去した箇所は仕上がり精度を高めるために、既存塗膜と同様な模様合わせをおこなってから塗装します。

③ 仕上げ前工程

　仕上げ段階に入る前に、手すりなど鉄部がある場合は先にさび止め塗装しておきます。これは外装が仕上がってからさび止め塗装をすると、さび止め塗料が飛散し、仕上がった外壁を汚してしまう恐れがあるからです。

第6章　集合住宅施工前の準備

④ 塗装工事

　塗装工事は、定められた部位別の仕様書にしたがって作業します。特に塗付量は塗膜性能を担保する上で重要ですので、決められた塗付量を塗布します。外壁仕上げでは、仕上がり状態を確認するために試験施工し、この時に塗付量を確認することもあります。なお、降雨の可能性のある日や5℃以下の低温日などは、作業を避けた方が賢明です。

　また、主にベランダ内が対象になりますが、ベランダ内に置いてあって塗装の邪魔になる物は、占有者（個人）が移動します。個人では移動がむずかしく、業者に委託する場合の費用は原則個人負担になります。

　例えば
（１）人工芝を撤去しないと床塗装ができない。
（２）物置などの重量物を撤去しないと塗装ができない。
（３）個人が設置したアンテナの撤去・復旧
（４）エアコンの室外機の撤去・復旧　などがあります。

　ただし、全戸共通のエアコン室外機などの場合は、工事契約時の項目に入っていることがあります。

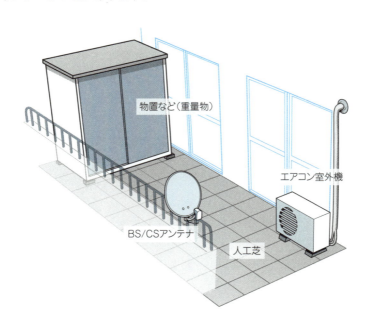

2．工期管理

　施工計画には、職種ごと、作業箇所ごとに工程表が必要です。集合住宅は構造上、施工面積の大きい北面とベランダのある南面、妻壁側になる東西面があります。
　居住者に対して不便をかけるのが北面側の開放廊下や南面のベランダ内の塗装工事です。
　開放廊下やベランダ内を塗装する場合は塗装期間を周知し、居住者の理解と協力を求めることになります。居住者は、改修工事をおこなうことを合意した時点で理解しているわけですが、実際の工事が始まると何かと不便を感じたり、不満を持つことがあります。

　工事会社は、改修工事をしているのだから当たり前だではなく、居住者の立場に立って工事を進めることが求められます。
　開放廊下は居住者の出入りが日常的にあります。したがって、開放廊下の床面工事では、半面ずつ塗装するとか、一定時間は通行止めに協力してもらうことが必要になり、事前に掲示やチラシなどで通知します。

3. オプション工事の取扱い ▶

　専有部分の改修工事については、事前にお客様側と「希望者がいる場合、個別に契約してよいか。管理組合が中間に入って取りまとめてくれるか。オプション工事は認めない。」など取り決めておく必要があります。また、ベランダ設置物の移動を業者に委託する場合も同様です。

　契約形態はどうあれ、オプション工事を認める場合は、居住者対象の説明会の際、そのことを明らかにしておきます。希望者からオプション工事の申込みがあった場合は、お客様側と取り決めた手続きにしたがって契約します。

お客様の**心**をつかむ
塗装改修マニュアル

集合住宅 編

◆テーマ 24. 作業環境の安全確保◆

１．施工前にすべきこと

① 調　　査

　まず、対象集合住宅の環境調査があります。主に朝夕の居住者による住宅への出入り頻度の多い時間帯や動線を調査して、工事始業・終業時間を調整する必要があります。また、工事車両や運搬車両の出入り、足場の架設や解体の作業時間に注意しなければなりません。

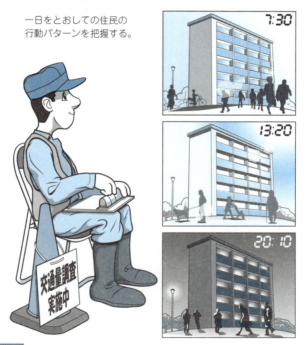

一日をとおしての住民の
行動パターンを把握する。

② 設置場所

　現場事務所や資材置き場、産業廃棄物用コンテナなどの設置は、原則現場敷地内とします。
　一般的には、現場説明用資料に設置場所は示してありますが、工事を進

める上で問題があれば、管理組合や修繕委員会などと調整します。

③ 排水設備の設置

近年、環境問題や健康問題から、建築物に使用する塗料は主に水系塗料になっています。これに伴って塗装用器具などは水で洗浄しますが、この時排出される洗浄水は塗料により着色されています。この洗浄廃水を誤って河川などに流しますと、廃棄物処理法違反（不法投棄）として罰せられます。

現場には工事用の洗い場を設置し、洗浄水が直接排水されないように枡を設け、適正な処理をしてから排水します。

処理方法として、日本塗装工業会推奨の凝固剤（2種類）を、枡に溜まった洗浄廃水に適量加え、分離沈殿させます。分離水は下水道（河川には流せない）に排水し、沈殿物は回収して、産業廃棄物として処理します。

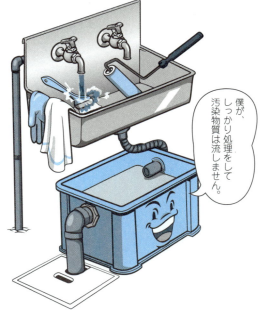

僕が、しっかり処理をして汚染物質は流しません。

④ 保　　険

工事中および工事後の不測の事態に対応できるように各種保険に加入する必要があります。請負業者賠償責任保険、生産物賠償責任保険、大規模修繕工事瑕疵保険など、工事中に起こった事故や施工不良により工事後に生じた損害等を対象とする保険がありますので、着工までに確実に契約するようにします。各保険の詳細は第9章を参照ください。

⑤ 居住者対策

集合住宅は棟ごとの工事になるので、着工する棟ごとに対策します。

共通事項は対象になる棟の掲示板へ「工事のお知らせ」などの掲示をしますが、開放廊下やベランダの工事では対象になる階や個人に別途ビラなどで徹底することが重要です。

昨今、化学物質過敏症で苦しんでいる方もいますので、施工する棟に、対象になる居住者がいないかの確認が重要です。

もし、該当者がいる場合は、工事期間中はホテルなどへ緊急避難してもらうことも検討します。

該当者がいてもいなくても、注意看板は必ず掲示しましょう。

⑥ 近隣対策

密集地の集合住宅の場合は、近隣対策が必要になります。図6-1の工事標識を目立つ場所に掲示します。

その他、洗濯物が干してあったら取り込みの協力や自動車の養生許可、移動のお願いなども必要になることがありますので、近隣への挨拶をした方がよいでしょう。

工　事　標　識	
工事名	○○集合住宅大規模修繕工事
発注者	○○　管理組合 様
工事期間	○○年○月○日～○○年○月○日
責任者	○○　○○
現場代理人	△△　△△
連絡先	渋谷区鶯谷町 19-22 【電話】03-○○○○-○○○○

図6-1　工事標識

このほか法令や条例で掲示が義務付けられている標識も合わせて掲示します。

2. 工事の事前安全対策

① 道路の安全対策

　足場架設に伴って、大型車両での機材運搬が予想される場合は、現場周辺の道路は大型車の通行が可能かを確認します。規制などがある場合は通行許可を所轄の警察に申請し、許可証を取得します。また、足場設置に伴って、必要な場合は所轄の労働基準監督署に申請して許可を得ます。足場架設後は足場作業主任者の掲示、最大積載重量、工事者の連絡先、「頭上注意」などの安全標識を必要に応じて掲示します。

　工事関係車両が通行する道路が通勤・通学路の場合は、その時間帯によって走行を控えるなどの処置をした方がよいでしょう。また現場の出入り口には警備・誘導員を常駐させます。

② 緊急時連絡体制

　工事中に不測の事故が発生した場合、速やかに対策できるように、緊急時連絡体制表を作成し、目立つ場所に掲示しておきます。これには、救急病院や消防署、警察署、労働基準監督署などの電話番号、所在地などを明記します。

　当然、社内連絡体制（責任者・現場代理人など）もわかりやすく掲示しましょう。

◆テーマ25. 工事着工前打ち合わせ◆

1. 施工前にすべきこと ▶

　工事着工前に、会社（契約担当者など）と現場代理人で綿密な打合せをおこない工事着工後に抜けがないようにします。会社は、工事を進める上でのチェックポイントを的確に伝えます。

　特に、現場代理人が現場を円滑に運営するために、実行予算を念頭に置きながら、契約した塗装仕様のチェックポイントや特記すべきこと、工期、その他約束事などの意思疎通を図り、適切な品質で施工できるよう準備します。

2. 管理組合または修繕委員会との打ち合わせ ▶

　契約後の施工に向けての打合せ会を開催します。その後、居住者全員対象の説明会を開催することもありますので確認してください。

　管理組合または修繕委員会との打合せ会では、工事への協力要請とあわせ、工事会社として工事を円滑に進めるためのポイントを説明します。もし、疑義があればこの場で調整します。

　1）現場体制を説明する。

　2）工期を説明する。

　3）安全祈願祭を執りおこなうかを確認し、おこなう場合は日時を決定する。

　4）必要に応じて、居住者説明会の日時を決定する。

　5）工期に基づいた工事日程・工程を説明する。

　6）現場説明、質疑回答書、仕様書などの疑義があれば確認する。

　7）塗装仕様書（使用塗料メーカーや色相など）を確認する。

　8）施工範囲の確認をする。

　9）検査時期や検査方法について確認する。

　10）定例打合せをおこなう場合は開催日時を決める。

　11）支払いを含めた契約内容を確認する。　　　　など

第6章　集合住宅施工前の準備

3．居住者説明会の開催

　居住者にとって、工事について合意してはいるものの、実際に工事が始まると、通常の生活環境とは異なり不便をきたすことになります。それだけに、施工対象棟の居住者とは、十分な意思疎通を図ることが必要になります。居住者対象の説明会はそのための下準備です。

　説明会では、現場施工体制（現場代理人や居住者の窓口になる担当者など）、工事中の連絡先、掲示板の設置場所、工期、工程などについて説明します。

　特に開放廊下やベランダ内部の施工では、いろいろな制約が出ますので、掲示板への工程表掲示のみでなく、ベランダ内部の塗装や、給排気口の養生などをおこなう日の連絡を個別にチラシなどで通知し、協力を要請します。

　なお、説明会では質疑応答の時間を十分に取り、居住者の質問に丁寧に答えます。その場で答えられないことがあれば持ち帰り、速やかに回答するようにします。

　説明会に出席できなかった居住者には、説明会資料や議事録、お願い事など必要な書類を配布し、理解を求めておきます。

◆テーマ 26. 必要事項の確認◆

1．近隣対策

　着工に先立ち、必要に応じて近隣へのあいさつが必要です。工事に関わる案件はすべて請負会社の責任となりますので、騒音や塗料の飛散などクレームが生じた場合の連絡先を周知しておきます。また、工事期間、工事時間、工事車両の多い時間帯と場所なども伝えておくとよいでしょう。特に隣接する家屋・建物の所有者には必ず周知してください。
　その他にほとんど例を見ないものの、架設足場による電波障害にも念のため留意して下さい。

2．必要な届け出の確認

　次の場合は監督官庁に届け出をする必要があります。
（1）足場の高さが 10m 以上かつ架設期間が 60 日以上の場合
　→　所轄の労働基準監督署に必要な書式にしたがって提出する。
（2）足場が敷地内をまたぎ、公道部分に出る場合
　→　当該工事現場の道路管理者（都道府県や市区町村役場）と警察に必要書類を提出して、許可を得ます。

第 6 章　集合住宅施工前の準備

（3）妻面に電力の引き込みがある場合

→ 最寄りの電力会社に連絡して、足場架設工事の前に防護管を取り付けてもらいます。

そのほか必要に応じて道路使用許可の申請や水道局、ガス会社への手続きも怠らないようにしましょう。

届け出とは異なりますが、最寄りの消防署、救急病院などを記載した緊急時連絡体制表を作成して、現場事務所に掲示してください。

3．材料の発注と納期の確認

使用する材料に関しては、保管場所となる倉庫（資材置き場）の確保が必要です。中には溶剤系の材料もありますので、しっかりと施錠ができて防犯対策が十分に図れる環境を確保します。

材料の発注は下地処理工事関連のものから発注します。ただし数量については確定した数字がないので、工事の状況を見ながら順次追加発注をします。なぜならばクラックの程度、コンクリートやモルタルの欠損部分、モルタルの浮きの状況など実際に足場架設後に直接確認しなければ、その数量がはっきりしないことが多いからです。下地補修の数量は契約によりますが、実数精算の方式を取ることが多いようです。見積もり段階では、足場が架かっていない状態で調査するため、概算数量しか出せません。そのため、足場が架かり実作業に入った時に再度ひび割れや浮きなどを確認することになります。

確認した補修箇所の長さや面積、規模などは図面に書き込み（図落とし）ます。

図落とした結果は、管理組合や修繕委員会の検収を受けます。後日、契約に基づいて精算します。

塗料の発注は、塗装面積が確定しているので、原則一括発注します。この方が品質や色相のズレなどが生じる心配がありません。

保管は、原則、決められた保管場所に整理して置きます。ただし、溶剤形塗料（危険物）を使用する場合は最小限の保管とし、鍵の掛かる倉庫などに保管します。この場合は消火器を必ず設置します。

適当な保管場所がない場合は必ず工事会社が持ち帰り、必要量持参するようにします。

　納期は、決められた工程に間に合うように、余裕をもって発注します。

第6章　集合住宅施工前の準備

第7章
集合住宅施工中の留意点

　集合住宅の塗り替え施工では、契約した仕様書に基づき、しっかりした作業をおこなわなければなりません。足場や資材置き場での安全確保、高圧水洗作業や塗装工事など工事日程を居住者へ十分に周知することも含め、お客様満足度の向上を図らなければ業界での競争に勝ち残れない現況です。

　この章では、集合住宅の塗り替え施工に必要な留意点について解説します。

テーマ 27. お客様満足度の高い施工をおこなうために ◆◆◆◆◆◆ 100

テーマ 28. 下地調整作業での留意点 ◆◆◆◆◆◆◆◆◆◆◆◆◆◆ 106

テーマ 29. 塗装作業中の留意点 ◆◆◆◆◆◆◆◆◆◆◆◆◆◆◆◆◆ 110

テーマ 30. 塗装作業後の留意点 ◆◆◆◆◆◆◆◆◆◆◆◆◆◆◆◆ 115

◆テーマ27. お客様満足度の高い施工をおこなうために◆

1．安全に作業するために

① 安全に作業するための教育・確認

　一度労働災害が発生すると個人の責任に留まらず、会社ばかりかお客様にも多大な迷惑をかけることになり、どれだけよい仕事をしていても帳消しになってしまいます。

　現場では毎日毎日の安全対策が必須です。そのために就業前の安全ミーティングは欠かせません。安全ミーティングは職長が中心になって「作業方法、作業手順、作業の必要性、作業現場の範囲、作業員の配置、他工程との関連、使用する機械・工具、安全注意事項、後片づけの方法」など、その日におこなう作業に沿って全員で安全に作業するための確認をおこないます。安全ミーティングは、常に職長がリーダーになるのではなく、輪番制で作業員に責任を持たせるのも有効です。要は作業員全員に常に安全意識を持ってもらうことが安全ミーティングの目的です。

本日のミーティング当番

② 作業中の指導・監督

　作業中に不安全行動がないか、職長や作業主任者が中心になって作業中の指導および監督をします。定期的な安全パトロールも有効です。作業と安全は常に一体であり、作業の流れに沿った安全指示をおこない、ヒヤリハットや異常の発見があれば直ちに是正し、作業員全員に徹底します。

③ 警備員の配置

必要に応じて警備員を配置します。特に足場架設時や足場解体時、現場周辺の交通整理や安全の監視などをおこないます。警備員は、居住者を含む第三者に事故の無いように監視するために配置します。

④ 天候確認

外部の塗装作業では、天候が安全や仕上がりなどに大きく影響します。特に作業途中での天候の変化は塗装中の塗膜に悪影響を与えますので、その日の天候をよく見極めて作業を開始することが重要です。その他強風時や気温が5℃以下、湿度85％以上では塗装作業は避けます。強行すると、周辺への塗料の飛散や、塗膜の仕上がり性が低下することになり、塗膜本来の性能が発揮しにくくなります。

⑤ 材料置き場での保管管理

材料置き場は管理組合や修繕委員会と調整し、可能な限り材料の搬入や搬出しやすい場所を確保します。本来は倉庫があると理想的ですが、大規模な現場ほど、決められた屋外に保管することになります。この場合は常に整理整頓し、終業時には材料をシートで覆い、むき出しにならないよう

第7章　集合住宅施工中の留意点

に保管します。ただし、危険物であれば、原則、現場保管は望ましくありません。どうしても保管する場合は、必要最小限とし、鍵の掛かる場所に保管します。消防法にしたがって、消火器を必ず設置します。

⑥ 終業時の確認

作業場所および作業場所周辺の安全点検をおこないます。後片づけがきちんとできているか、換気扇や給排気口などの養生の取り外し忘れがないか、保護養生は十分か、足場に材料・器材などが残っていないか、などを点検します。また足場入場場所や材料置き場に第三者が立ち入らないように施錠したり、必要に応じて監視員などを配置します。

2．足場架設作業における施工中の留意点

足場架設の手順を手順書に基づいて、作業員全員に現場で確認することを徹底します。

① 足場の搬入

足場の搬入は事前に日時を決めておき、搬入路を確保します。周辺の状況に応じて適切な人数の監視員を配置し、安全を確保します。足場は事前に取り決めた場所に荷下ろしします。

② 足場の架設

足場架設図面にしたがい、作業内容、仕様、手順について確認してから作業に入ります。

作業区域は安全を確保するためにバリケードやロープなどで囲い、標識をわかりやすい場所に設置します。現場の状況に応じて監視員を配置します。

1）足場架設前に、足場の支脚柱が沈下しないように基礎を安定させてから作業に入ります。

2）足場架設は、①脚部の固定　②緊結部付支柱の取り付け　③緊結部付布材の取り付け　④腕木の取り付け　⑤筋交いの取り付け　⑥作業床の取り付け　⑦壁つなぎの取り付け　⑧手すりの取り付け　⑨幅木の取り付け　⑩昇降設備の取り付けの手順でおこないます。

3）組立終了後に再度全てを点検し、不安全箇所がないか確認します。特に、足場材のはね出し部や出入りに支障をきたす箇所には、衝突防止対策を講じておきます。

③ 安全通路の確保

居住者などの安全を確保するため、安全通路を常に確保します。

④ 養生シート張り

足場の寸法にあった飛散防止ネットを、隙間がないように張ります。
また、資材落下に備え必要に応じて「朝顔」（防護柵）を設置します。

3. 材料や資材を確認する留意点 ▶

① 使用材料の発注

契約した仕様書通りの材料を必要量発注します。ただし、何らかの理由で仕様書に記載された材料以外を使用する場合は、管理組合や修繕委員会に使用材料変更理由書などを提出し、書面による承認を受けてから発注します。

第7章　集合住宅施工中の留意点

103

② 材料の搬入と検査、保管

　材料の搬入時期は、施工工程に合わせて、現場搬入するとよいでしょう。材料は決められた場所に搬入します。搬入時、石油缶は２段積み程度として転倒防止措置をおこないます。

搬入時、石油缶は２段積みまで　　　　　　　こんな事故にあわないために

表７－１　危険物の指定数量

類　別	品　名	性　質	指定数量（リットル）
第四類	特殊引火物		50
	第一石油類	非水溶性液体	200
		水溶性液体	400
	アルコール類		400
	第二石油類	非水溶性液体	1,000
		水溶性液体	2,000
	第三石油類	非水溶性液体	2,000
		水溶性液体	4,000
	第四石油類		6,000
	動植物油類		10,000

　発注した材料が発注通り納入されたか検査します。事前に発注材料一覧表（メーカー・品名・必要に応じて規格・色相名・入り目・数量など）を作成しておくと検査しやすくなります。２液形塗料を使用する場合は、塗

料液と硬化剤がセットで揃っているかの確認をします。異常があれば直ちにメーカーに連絡し処置します。

　溶剤形塗料を使用する場合は、消防法で現場への持ち込み量が規制されています。指定数量以上の危険物を貯蔵しまたは取り扱う場合には、貯蔵所の許可や危険物取扱者の選任配置が必要になります。したがって、原則現場での危険物貯蔵は避けることが望ましいのですが、どうしても保管する場合は、指定数量の１倍を超えない量とし、鍵の掛かる場所に保管します。保管場所には、貯蔵時の取扱い注意点、貯蔵危険物名標識、火気厳禁標識などを見えやすい場所に設置します。

第７章　集合住宅施工中の留意点

105

◆テーマ28. 下地調整作業での留意点◆

契約した塗装仕様書に基づいて作業をおこないます。

1．下地調整作業の始業前点検

1）調査診断結果に基づき、劣化現象と劣化程度、それぞれの補修方法を確認します。
2）対象になる棟の居住者や必要に応じて近隣居住者に、その日に実施する作業内容が連絡してあるか確認します。連絡していなければ直ちに連絡します。
3）特に高圧水洗作業では洗浄水が飛散しますので、窓を閉める、洗濯物は干さない、開口部の養生など事前対策が必要になります。
4）工事日程を掲示板に掲示したり、必要に応じて全戸にチラシを配布するなどで対処します。

掲示板

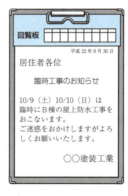

回覧板、チラシ

2．高圧水洗作業中の留意点

1）高圧水洗前に、建物内部に水が浸入しないように、養生を十分におこないます。

2）第三者や居住者、備品や自動車に洗浄水が飛散しないように、作業中立入禁止処置、必要に応じて警備員の配置、備品や自動車の養生または移動をします。

3）高圧水洗は原則、上部からおこない、洗浄汚水などが塗膜に残らないように作業します。
4）この段階で劣化塗膜があれば、点検しながら、適正な水圧で丁寧に洗浄し除去しておきます。
5）高圧水洗後の作業は、充分に乾燥させてからおこないます。

3．下地補修の留意点（RC・PCなどコンクリート造）

仕様書に基づいて補修作業をおこないます。

①RC造

（1）ひび割れの補修

1）0.3mm以上または0.5mm以上のひび割れは、仕様書に示されたひび割れ補修方法にしたがって補修します。
　通常は、ひび割れ部をVカットまたはUカットし、シーリング材を充填する工法で補修します。この時使用するシーリング材は、塗装後に塗膜汚染が発生しない、ノンブリード形を選択しますが、変性シリコン系が多用されています。
2）ひび割れ補修箇所は、塗装の仕上がり精度を高めるために、セメン

トフィラーなどで補修後、既存塗膜の意匠に近い模様になるよう、模様合わせをおこなってから塗装します。

（2）鉄筋腐食・鉄筋露出部の補修

1）鉄筋の腐食により、錆汁汚染が現れていたり、コンクリートがふくれていたり、鉄筋が露出している箇所を補修します。

2）錆汁汚染している箇所や、コンクリートがふくらんでいる箇所は、コンクリートをハツリ取り、鉄筋を露出させます（鉄筋の裏側まで除去することが望ましい）。すでに鉄筋が露出している箇所は周辺を確認し、付着の悪いコンクリートを除去します。

3）露出させた鉄筋は、ワイヤーブラシなどを用いて可能な限り錆を除去します。

鉄筋部に、2液形変性エポキシ樹脂さび止め塗料を塗装します。

4）乾燥後、樹脂モルタルなどで埋め戻します。

5）ひび割れ補修箇所同様、塗装の仕上がり精度を高めるために、セメントフィラーなどで補修後、既存塗膜の意匠に近い模様になるよう、模様合わせをおこなってから塗装します。

（3）コンクリートの欠け・剥落補修

1）見付けや笠木などが損傷し、欠けていたり、剥落していることがあります。この場合は、樹脂モルタルなどを用いて復元させます。

（4）手すり付け根の補修

1）ベランダなどの手すりの根元が腐食し、危険な状態になっていることがあります。

2）腐食の程度によりますが、その症状に応じて補修します。腐食が進行している場合は、手すりの根元を露出させ、ケレン後、2液形変性エポキシ樹脂さび止め塗料などで防錆処理してから樹脂モルタルなどで埋め戻します。

3）手すりの根元が破断している場合は、溶接してから補修することもあります。

② ＰＣ造

1）コンクリート造と同様の補修をおこないます。ただし、構造的な違いであるＰＣ版目地の補修が必要になることがあります。

2）調査診断時に、目地に充填されているシーリングの劣化度（寿命予測など）を調査し、劣化程度に応じて補修します。
3）シーリング全体が劣化している場合はシーリングを除去し、新たにシーリング材を充填します。
4）シーリングが部分的に劣化している場合は、劣化部を除去して、ブリッジ方式で補修します。

4．劣化した既存塗膜の処置

1）既存塗膜の劣化現象に、ふくれ、浮き、はがれ、クラックや付着力の低下などがあります。
　これらの塗膜を残して塗装すると、短時間での塗膜はく離などの重大事故に結びつく恐れがあるので、入念に除去します。高圧水洗と手工具を併用して、劣化塗膜を除去します。
2）模様のある塗膜を部分的に除去した場合は、仕上がり精度を高めるために、事前に模様合わせをおこないます。

◆テーマ 29. 塗装作業中の留意点◆

1. 養生作業の留意点

1）塗装作業中に塗装する箇所以外の物や部分を汚したり、損傷させないための処置であり、また、仕上がった塗装面を汚れや損傷から保護する役目があります。
　養生作業が完全におこなわれることによって飛散を防ぎ、塗装作業の能率を高め、最も重要な品質（仕上がり）を確保することができます。
2）養生には、粘着テープや養生シートなどを使用します。
3）出入口や窓は開閉できるように養生します。
4）湯沸かし器や風呂釜の給排気口などの養生は、給排気に支障の無いようにおこない、その部分の養生は、毎日作業後に必ず取り外します。

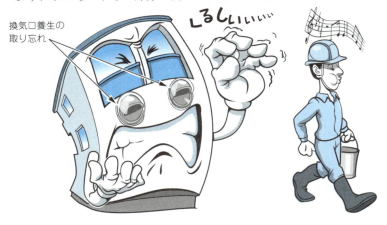

5）養生シートや養生マスカーなどは、風などの影響で暴れないように、しっかりと固定します。
6）ベランダなどに置いてある植木や小物など動かせるものは、定められた場所に、一旦移動してもらいます。
7）植栽など動かせない物には、汚染防止の養生を十分におこないます。
8）風などにより塗料が落下する範囲を見込んで、飛散防止養生を確実におこないます。

2．工事中の安全対策・防犯対策

1）居住者などの「安全第一」を強調します。そのために、
- 危険箇所、立入禁止箇所について、工事内容や工期などを説明し、協力を依頼します。
- 足場には昇らないように注意を促します。特に子供のいる居住者には、注意を徹底するようにお願いします。
- 居住者などの危険行為に対しては、声を掛けさせてもらう旨を伝えておきます。

2）足場が掛かっている期間、防犯対策に十分気をつけます。そのために、
- 窓の施錠を忘れないように依頼します。必要に応じて補助錠の貸し出しなどをおこないます。
- 足場に容易に昇れないようセンサーライトとセンサーブザーを併用設置して、侵入防止対策を施します。
- 不審者が出入りしづらくなるよう、作業着の統一や、共通の腕章・ベストの着用をします。

3．塗装作業の始業前点検

1）当日の技能者の役割分担や施工場所、施工方法などの確認をします。
2）使用塗材が仕様書と合致しているかを確認します。また材質に異常がないかを確認します。
3）刷毛、ローラーブラシ、塗装器具などは整備されたものを使用します。
4）第三者に対する安全対策が正しくとられているか確認します。
5）足場の作業床、昇降設備、手すりなどに不具合がないか確認します。
6）塗装する周辺や床などの養生が十分されているか。吹付け工法の場合は、チリ際の浮きや未養生箇所への飛散による不具合が起きないようになっているかを確認します。
7）下地調整に不具合がないかを確認します。
8）気象条件（温度・湿度・降雨・降雪・風速など）が施工条件の範囲

内かを確認します。（気温が５℃以下、湿度が８５％以上の条件では、原則塗装はおこなわない）

４．塗装作業中の留意点（一般事項）

１）契約した塗装仕様に基づき、仕様通りの工程で塗装作業をおこないます。（希釈率、希釈剤、塗付け量、２液形塗料の場合は混合割合や可使時間、工程間隔時間、最終養生時間など）

２）塗材は原則として、調合された塗料をそのまま使用します。ただし、下地面の状態、気温などに応じて適切な粘度に調整します。希釈剤は規定のものを使用します。

３）塗り残しや塗料にタレ、流れ、塗りムラ、ハジキ、カスレ、ゴミの付着などが無いように丁寧に塗装します。

４）溶剤系塗料を使用する場合は条件に応じて、換気や防毒マスクを装着するなど適正な措置をおこないます。また、火気に注意して、爆発や火災などの防止対策を施します。

５）油性系塗料などの付着した布片などを放置すると、自然発火する恐れがあるので現場に放置せず、作業終了後、決められた水の入った容器内に浸漬（しんし）するなど適正に処置します。

５．刷毛、ローラーブラシ塗りでの留意点

１）刷毛、ローラーブラシは、抜け毛や塗料カスなど、塗装仕上げに支障のないものを使用します。

2）刷毛・ローラーブラシは、各塗り工程の塗材に適したものを用いて塗付け量を均一にムラなく塗布し、塗り継ぎムラなどを生じないように丁寧に塗装します。

3）ローラーバケットは安定した場所に置き、転倒や落下のないように注意して作業します。

4）入り隅やチリ回りなどは、筋交い刷毛や専用ローラーを用いて先行塗りします。

　　その後、通常の刷毛やローラーブラシで全面に塗り広げます。

5）多孔質ローラーやパターンローラーなどを用いて模様付けする場合は、ローラーの模様が可能な限り均一なものを選択して塗装します。模様の大きさに差があると、仕上がった模様に不揃いが生じますので注意しましょう。

6）塗料が飛散し、養生していない箇所に付着した場合は、直ちに拭き取るなどの処置をします。

6．吹付け塗装での留意点

1）吹付け塗装は刷毛塗りやローラーブラシ塗りに比較して塗料の飛散が多いので、養生忘れがないか点検します。特に駐車している自動車を汚さないように、移動させるか十分な養生をします。植栽も養生します。

2）吹付けガンの種類、口径、吹付け圧力など、塗材の性状や種類に応じて適正な条件を選択します。可能なら試験吹きして、仕上がり状態が要求通りか確認して、吹付け条件を設定するとよいでしょう。

3）吹付けガンの運行は、下地面に対して直角を保ち、吹付け距離とスピードを一定に保つことが重要です。

4）足場上の作業になるので、足場の縦地、布板、ブレスなどが影響して模様ムラなどが生じないように、注意して施工します。塗装時にブレスを外した場合は、作業終了後、直ちに復元してください。

5）塗装機やコンプレッサーなどの設置は、安定した場所を選択しておこないます。騒音が発生しますので、居住者や近隣に対し、「工事のお知らせ」などで告知してください。

6）塗料が飛散し、養生していない箇所に付着した場合は、直ちに拭き取るなどの処置をします。

7．養生の取り外し作業での留意点

1）養生マスカーやマスキングテープの取り外しは、塗膜の厚みや乾燥状態を見極めておこないます。弾性塗料などの場合は、カッターなどを用いて取り除くと綺麗に除去できます。いずれにしても、見切り線に乱れがないように除去します。
2）給排気口の養生は、作業が継続していても、その日の作業が終了したら取り外します。取り外し忘れによる事故が発生しているので、必ずチェックしてください。

◆テーマ 30. 塗装作業後の留意点◆

1．毎日の点検作業

1）作業終了後、施工現場に、塗装器具や塗材、養生材などが残っていないか、整理整頓されていることを確認します。
2）刷毛、ローラーブラシなど塗装器具が、翌日、円滑に使用できる状態になっているか確認します。
3）翌日の工程を確認し、使用する塗材などが揃っていることを点検しておきます。

4）出入り口、窓、給排気、室外機など、居住者が問題なく使用できる状態になっているか、忘れずに点検します。
5）気象条件を確認し、降雨や降雪、強風などに常に注意を払い、必要に応じて対処しておきます。

2．塗装作業終了後の点検

1）塗り残しやタレ、ムラ、模様の不揃い、養生の取り外しなどがないか点検します。
　不具合があれば直ちに手直ししておきます。
2）塗装対象外の部位（窓ガラスや照明器具、室外機など）に塗料の飛散やタレによる汚れの付着がないか、また塗装作業中に起きた損傷がないかを点検します。異常があれば直ちに処置します。
3）移動した備品などが元の場所に正しく復旧してあるかを確認します。片付け、清掃が十分にできていることも確認します。
4）塗装器具や脚立、塗材、養生材などが放置されていないか点検します。

3．工程検査（社内検査）の実施

1）現場でおこなう日常的な工程検査の他に、会社として工程検査をおこないます。
　現場担当者の見落としがないかを点検し、不具合があれば指示して手直しをします。
2）日常的な工程検査も会社としての工程検査も、書類として記録を残しておきます。

4．中間検査（施主検査）を受ける

1）契約時に取り決めがあれば、管理組合や修繕委員会などお客様の検査を受けます。契約通り施工していることをお客様に確認してもらう検査です。
2）お客様から不具合の指摘があれば記録に残し、直ちに手直しをおこないます。手直しが終了したら、お客様の検査を受け、手直し終了の承認をもらっておきます。
3）どの工程で検査を受けるかは、事前に取り決めておきます。

5．最終検査を受ける ▶

1）竣工検査を受ける前の重要な検査です。施主側の代表の検査を受けるのと並行して、居住者への不具合点検アンケートをおこなうとよいでしょう。

2）施主側からの指摘や、居住者アンケートから指摘された不具合を手直しします。

3）竣工検査を受ける日までに、指摘された不具合の手直しを確実に実施し、竣工検査を受けます。

第7章　集合住宅施工中の留意点

第8章
集合住宅施工後のポイント

　施工後の竣工検査がスムーズに完了し、お客様満足度が高まるようにしなければなりません。

　提出書類の作成・提出、アンケート調査の実施、定期点検の実施など、まだまだ重要な対応があります。

　この章では、集合住宅編のまとめ、施工後の留意点について解説します。

テーマ 31. お客様満足度の検証 ◆◆◆◆◆◆◆◆◆◆◆◆◆◆◆◆◆◆◆◆◆◆ 120

テーマ 32. 集合住宅の塗り替えのまとめ ◆◆◆◆◆◆◆◆◆◆◆◆◆ 123

テーマ 33. 施工および作業手順の失敗例 ◆◆◆◆◆◆◆◆◆◆◆◆◆ 125

◆テーマ31．お客様満足度の検証◆

1．竣工検査を受ける ▶

　1）最終検査で、お客様側代表や住民アンケートで指摘された不具合を
確実に手直ししてあるかどうかが、評価を大きく左右します。指摘の
あった不具合の手直しが出来てなかったり不十分だと、お客様満足度
が低下します。竣工検査がスムーズにおこなわれ、お客様満足度が高
まるように万全の準備をしてください。

2．工事記録の整理 ▶

　集合住宅のお客様窓口は、管理組合、組織化された修繕委員会や管理を
委託された管理会社や設計事務所などがあります。また現場事務所に居住
者個人が相談や苦情を持ち込むこともあります。それだけに工事完了まで
の記録は大変重要です。

① 工事日報

　最も基本となる記録です。天候などの記録から日常の動きが記載されて
いなければなりません。特にお客様との打合せがあれば抜けがないように
記録しておきます。

② お客様との打合せ議事録

　工事日報と連動して工事に関連した打合せがあれば内容を記録しておき
ます。また打合せによってなんらかの行動をとった場合は、その内容も明
確に記録しておきます。
　お客様から仕様変更や手直しの指示があれば、記載して捺印またはサイ
ンをもらっておきましょう。

③ 質疑応答書

　工事会社側から仕様変更や塗装箇所の変更、疑義が生じた場合など、契約と異なる申し入れや質問をおこなうときは質疑応答書で手続きをおこない、回答を得ておきます。形式が整っていることが大切です。

④ 不適合報告書

　工事中に何らかの不適合が発生した場合は不適合の内容を相互で確認して、内容や経緯を文書化しておきます。また不適合を解決したら承認を得ます。これも形式が整っていることが大切です。

3．お客様提出書類の作成と提出

　工事完了報告書や必要に応じて保証書を提出します。保証書は自社単独であれば問題ありませんが、メーカーなどと連帯保証がある場合は提出納期に間に合うように余裕を持って作成依頼をしておかなければなりません。よくあるのが、保証書の発行依頼を忘れたために納期間際になって大騒ぎすることです。お客様の信頼を失いかねないことですので、このようなことがないように準備しておきましょう。もちろん、保証書の内容が契約通りであることを確認することも忘れないようにしてください。

　工事完了後に最も重要な書類が精算を伴う請求書の発行です。契約の支払条件に基づいて請求書を作成してすみやかに提出します。

4．アンケート調査の実施

　お客様満足度を検証することは、当該集合住宅のリピートや周辺住民への影響を考えると重要なことです。

　工事終了後の評価アンケートを実施しましょう。アンケートの設問は聞きたい項目に要点を絞って作成します。アンケート回答者には少額のものでよいのでお礼をすることも有効です。

5．定期点検の実施 ▶

　契約事項に含まれることが多いと思われますが、含まれていなくても定期点検は実施するとよいでしょう。通常は１年点検、３年点検程度が多いようですが、次の塗り替え受注を視野に入れた場合、５年点検、７年点検はとても有効です。ただし、補修が発生することもありますので、どこまでが無償で、どこからが有償になるのか費用負担についての取り決めをしておくことはとても重要です。

◆テーマ32. 集合住宅の塗り替えのまとめ◆

　集合住宅は職業や地位などが異なるさまざまな居住者の集合体です。そのため折衝窓口は管理組合であったり、修繕委員会であったりします。また管理組合や修繕委員会が管理を管理会社や設計事務所に委託していることもあります。どのような場合でも工事に関する折衝は決められた窓口に対しておこなうことを忘れないでください。ただし、日常の施工日に関する洗濯物の扱いやベランダにある植木などの移動は個別の折衝となりますが、それ以外の個々の住民からの申し入れや苦情を安易に受けてしまうことは避けるべきです。居住者にも決められた窓口を通して申し入れをしてもらうようにしましょう。

集合住宅には共用部分と専有部分があり、工事は共用部分についての契約です。居住者の中には専有部分の塗装について何か言ってくることがあります。特に工事中に「ちょっと塗装してよ」と申し入れがあり、サービスのつもりで安易に引き受けてしまうと思わぬ問題に発展してしまうことがあります。

　このようなことがないように専有部分の塗装についてはどのように扱うかを契約時に明確にしておく必要があります。居住者としては共有部分を塗り替えるなら専有部分も塗り替えたいという希望が必ず出てきます。このことを予測して事前にオプションとして個々の居住者と契約してもよいのか、契約する場合はどの時点で工事をおこなうかなどを折衝窓口と取り決めておくことも大切です。

　集合住宅に限りませんが、塗り替え工事は人が生活している場での塗装です。それだけに技能者の日常の行動や言動が工事会社の印象を左右します。今や塗装工事の中でも塗り替え工事が年間完工高の80％を超える時代です（（一社）日本塗装工業会 2016 年調べ）。リピーターや近隣からの注文を請けるためにも、技能者は施工だけではなく営業マンとしての役目も必要な時代です。このことをしっかりと意識して現場に赴いてください。

◆テーマ33. 施工および作業手順の失敗例◆

こんな事態は絶対に避けたい…

vol.1

外壁の高圧水洗作業時に、バルコニーのサッシの小窓が開いていたため室内に洗浄水が入ってしまった。

原因

居住者が小窓を閉め忘れていた。
作業開始前に窓の閉め忘れがないかの確認が足りなかった。

今後の対策

- 事前に工事日程の連絡はしてあるものの、うっかりミスもあることから、作業直前に居住者に窓の閉め忘れがないか確認を依頼する。
- あわせて作業開始前に窓の閉め忘れがないか確認する。

第8章 集合住宅施工後のポイント

vol.2
補修工事の際、発生したほこりが玄関の隙間などから室内に入り込み、室内がほこりで汚れてしまった。

原因
補修工事は正式な工事日程がないため、工事当日の該当する居住者への連絡が行き届かなかった。
作業開始前にほこりが入りそうな箇所の養生が足りなかった。

今後の対策
- 居住者に開口部を閉めてもらう連絡を作業前に徹底する。
- あわせて可能な限りほこりが入りそうな箇所の養生をおこなう。

vol.3
通路側階段の手すり壁の塗装後、側溝の防水工事のために用いた下塗りを壁にはみ出して施工してしまった。
下塗りは透明であるために施工時はわからなかったが、施工1年後にはみ出した下塗り塗膜が黄変してしまった。

処置 黄変した塗膜を除去してから補修塗りをした。

原因
防水用下塗り（透明）をはみ出して壁面に塗装してしまったことが原因である。

今後の対策 塗装をしてはいけない箇所に塗料がはみ出さないように、養生を施してから塗装する。

vol.4
足場から部外者が侵入した。

原因
防犯措置が徹底されていなかった。

今後の対策
- 居住者に対してベランダ側の開口部の戸締まりの徹底を依頼する。
- 居住者に補助ロックの貸し出しをおこない、防犯を徹底してもらう。
- 足場の昇降口にカギの付いた扉を設置する。
- あわせてセンサーライトやセンサーブザーの設置を考慮する。

vol.5

- エアコン室外機の天板が凹んでしまった。
- エアコン室外機のドレンホースが折れてしまった。
- クーラースリーブ部の天板が塗装で汚れてしまった。
- エアコン室外機の設置位置が工事前と異なっている。

原因
安易に移動してしまったり、養生を十分におこなわずに施工したことが原因である。

今後の対策
- エアコン室外機を移動しない場合は、養生を十分におこなってから施工する。
- 天板部には昇らないよう徹底する。
- エアコン室外機を移動する場合は、専門業者に委託する（契約事項に盛り込む）。

第8章　集合住宅施工後のポイント

vol. 6

外壁改修工事時に、居住者から「クルマに茶色の塗料が付いている」とのクレームがあった。当工事では使用していない色であった。

原因
外部階段鋼製手摺の部分を補修した際に生じた鉄粉（切粉）が飛散したものであった。

今後の対策
外壁塗装時の塗料飛散による汚染には十分注意を払い車養生カバーで対応していたが、それ以外にも粉塵が生じる可能性がある作業においても同様に注意を払う必要がある。

vol. 7

外壁の高圧洗浄作業において漏電が発生し停電した。

原因
外壁の高圧洗浄の際に、照明器具の蛍光灯に水しぶきがかかり、漏電が発生し漏電ブレーカーが作動したため。

今後の対策
高圧洗浄時は、照明器具やコンセント等、電気系統の止水対策（養生）を実施する。もしくはその周辺はブラシ等で手洗いにする。

お客様の心をつかむ塗装改修マニュアル　集合住宅 編

戸建て住宅・集合住宅 共通編

第9章
安心・安全の工事を提供するために

　塗装改修は質の高い工事を完成させることが目的ですが、その大前提として事故や不良工事は起こさないということがあります。しかし、工事は人間が行う以上、まったくトラブルが無いというわけにはいきません。トラブルに対する備えをして、万全の対応ができるかどうかでお客様の信用はまったく違ったものになってしまいます。

　この章では、工事保険や瑕疵保険について解説します。

テーマ 34. 安心・安全に対する認識 ◆◆◆◆◆◆◆◆◆◆◆◆◆◆◆◆◆◆◆◆◆ 132

テーマ 35. 保険の種類 ◆◆◆◆◆◆◆◆◆◆◆◆◆◆◆◆◆◆◆◆◆◆◆◆◆◆◆◆◆ 134

テーマ 36. 瑕疵保険とその他の保証 ◆◆◆◆◆◆◆◆◆◆◆◆◆◆◆◆◆◆◆ 136

◆テーマ 34. 安心・安全に対する認識◆

1. 安心・安全の提供

お客様が「重要」とする工事会社選びのポイントは「適正な費用・契約内容・手続き」「施工レベル」「工事会社の対応」「アフターサービス」が代表的な項目です。しかし、その背景には「安心・安全な工事実施」が前提となります。工事会社選びのポイントに「安心・安全」が少ないのは「工事は当然に安心・安全なのだ」と思っているからなのです。

「安心・安全」は、お客様にとっては、言うまでもなく絶対必要なものなのです。ですから「安心・安全」を提供できない工事会社は、お客様から選ばれる候補にあがらないことになってしまいます。それにもかかわらず、多くの工事会社は受注件数や利益追求を最優先して「安心・安全」に対する意識が疎かになりがちです。今一度、社内の体制を見直してみることも大切なことです。

2. 事故・瑕疵への対応

工事の「事故・瑕疵」では、塗料の飛散・付着、モノの破損、人の負傷、建物の瑕疵、漏水による住戸内の汚損などの損害があります。

工事会社は、法令や工事請負契約等の範囲内で、損害賠償責任や契約不適合責任（瑕疵担保責任）を負います。これにより被害者救済、破損したモノの弁償や、建物補修工事などの対応をしなければなりません。もちろん、お客様・工事会社にとって「事故・瑕疵」が起こらないことが一番良い事ですが、万が一発生した「事故・瑕疵」に万全の対応ができるかどうかが、その後、お客様・工事会社の信頼関係を構築するか失墜させてしまうかの別れ道となります。

しかし、法令や工事請負契約等の範囲は、非常に曖昧な表現が多く、具体的な内容になっていないのが現状です。つまり、工事において、お客様と工事会社それぞれが「事故・瑕疵」に対して持っている認識は、一致しづらいことになります。それにより、お客様から、「工事会社が事故・瑕

疵の対応をしない。不十分な対応しかしない」と、トラブルにつながるケースが少なくありません。このようなことが無いように、工事会社の対策として、工事請負契約を締結する際には「事故・瑕疵」について、できるだけ詳細かつ具体的な「事故・瑕疵」の事例ケースを記載した資料を添付し、工事会社は「何を保証するのか・しないのか」を明確にすることが必要です。

また、それでも生じてしまうトラブルには、できるだけ誠意を持って対応しましょう。保証の範囲内は当然に、また「事故・瑕疵」の事例に記載していないトラブル事例であっても、可能な範囲で対応することが、以後の信頼関係構築につながります。

加えて、「事故・瑕疵」の対応には工事会社に大きな費用負担が生じることがあるため、保険制度を活用してトラブルに備えることも必要です。

具体的には、①「請負業者賠償責任保険」②「生産物賠償責任保険」③「リフォーム工事瑕疵保険・大規模修繕工事瑕疵保険」の、3つの保険制度へ加入することです。

◆テーマ 35. 保険の種類◆

保険には工事中に人・物に与えた損害を賠償した際に、保険金請求できるものと、工事後に人・物に与えた損害を賠償した際に保険金請求できるもの、そして工事後に瑕疵（工事した部分が一定の性能を満たさない状態）が発生し、その部分（原因箇所）の補修をした場合に保険金請求ができるものがあります。以下の3種類の保険を利用して、万が一に備えましょう。

1．請負業者賠償責任保険

工事中に、工事会社の作業に起因して人・物へ損害を与えた場合、工事会社は人または物の所有者等に賠償する責任が生じ、その賠償をした際に保険金が支払われるものです。補償される期間は工事中です。
例えば以下のようなケースが挙げられます。
- 外壁塗装工事中に塗料が飛散し、自動車や近隣住戸の外壁を汚してしまった。
- 仮設足場での作業中、工具を落下させてしまい、歩行者にケガをさせてしまった。
- ベランダ作業中にエアコン室外機を壊してしまった。

一般的には1年間の包括契約（毎年更新）となります。

2．生産物賠償責任保険

工事後に工事会社の工事に起因して人・物に対して損害を与えた場合、工事会社は人または物の所有者等に賠償する責任が生じ、その賠償をした際に保険金が支払われるものです。補償される期間の定めはありませんが、事故が工事に起因して発生したのかが保険金支払い対象の可否判断となります（工事会社が生産物賠償責任保険に加入している期間中に発生した事故が対象となります）。
例えば以下のようなケースが挙げられます。
- 屋根工事を行ったが、屋根から住戸内に漏水し、内装や電化製品を汚破損させた。

- 外壁改修工事後に外壁タイルが落下して通行人にケガをさせてしまった。

一般的には1年間の包括契約（毎年更新）となります。

3．リフォーム工事瑕疵保険・大規模修繕工事瑕疵保険

　工事完了後に見つかった瑕疵（種類または品質に関して契約の内容に適合しないこと）について、工事会社は補修等を行う責任が生じ、その費用が保険金として支払われます。

　塗装改修工事ではその建物の規模により次の2種類の瑕疵保険を利用することになります。

① リフォーム工事瑕疵保険（小規模住宅向け）

　リフォーム工事後に「リフォーム工事部分が社会通念上必要とされる性能を満たさない場合」及び「構造耐力上主要な部分または雨水の浸入を防止する部分が性能を満たさない場合」について工事会社が自社施工部分等（原因部分）の補修対応を行う費用が保険金として支払われます。

保険期間は、工事完了日から最長10年間（工事内容による）です。

例えば次のような例が挙げられます。
- 屋根塗装工事が原因で雨漏りが発生した。また、その雨漏りにより住戸内が汚損した。（保険期間1年または2年間）
- 窓枠のシーリング打ち換え工事が原因で漏水し、建物躯体まで漏水が影響を与え、腐らせてしまったことで、構造耐力上主要な部分が耐力性能を満たさない状態となってしまった。（保険期間5年間）

② 大規模修繕工事瑕疵保険

　マンションの共用部分（外壁・窓まわり、屋上）などの改修工事を実施した後、工事実施部分の防水性能が満たされない場合に、その補修工事に対して保険金が支払われることになります。保険期間は工事完了日から最長10年間です。また、外壁タイル剥落特約、外壁塗膜特約などの特約があります。

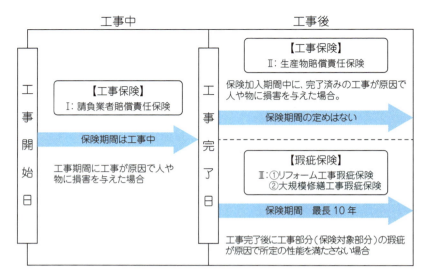

図9－1　3種類の保険の整理

◆テーマ36. 瑕疵保険とその他の保証◆

1. 瑕疵保険の成り立ちと住宅リフォーム事業者団体登録制度

　瑕疵保険は、平成20年に施行された住宅瑕疵担保履行法に基づく制度です。住宅の工事後に発生した瑕疵の補修費用等について、工事会社が倒産等の場合は、住宅取得者（消費者）が費用負担をしなければならず、消費者の住生活へ多大な影響を与えます。そこで、先ほどの法律により、新築住宅では事業者は瑕疵保険に加入するか、保証金を供託することが義務付けられました。リフォーム工事や大規模修繕工事には、法律による義務付けはありませんが、日本塗装工業会のように「住宅リフォーム事業者団体」として国土交通省に登録されている事業者団体の会員は、所定の金額以上の工事を請け負う場合には、瑕疵保険に加入することが求められています。この場合には請負契約書にその旨を記載し、お客様に説明することとされています。ただしお客様に説明の上、不要と判断された場合は、その旨を書面に記載していただければ、瑕疵保険に加入しなくても構いません。

マンション修繕工事請負契約書

発注者と受注者は＿＿＿＿＿工事の施工について次の条項と添付の工事請負契約約款、設計図書類に基づいて、工事請負契約を締結する。

中略

8．大規模修繕工事瑕疵担保責任保険（有・無）
□　保険の内容

（民間（七会）連合協定マンション修繕工事請負契約書より）

図9－2　請負契約書に瑕疵保険契約の有無を記載する例

リフォーム工事瑕疵保険／大規模修繕工事瑕疵保険

（上記のいずれか、対象の瑕疵保険に○をつけてください）

非加入通知書

（工事名・住棟名）_____ 工事

（請負者名）_____

　私は、本工事に関し、表題の瑕疵保険について請負者は非加入とすることをここに通知致します。

　　　　　年　　　月　　　日

（発注者）

住　　　所_____

管理組合名及び代表者_____　印
（マンション管理組合が発注者の場合）※大規模修繕工事瑕疵保険

氏　　　名_____　印
（個人が発注者の場合）※リフォーム工事瑕疵保険

図9－3　瑕疵保険を契約しない場合にお客様から頂く書面の例

2．瑕疵保険の活用 ▶

　改修工事では、瑕疵保険への加入は、法律上義務とはなっていません。戸建て外壁塗装工事では、請負金額500万円を超える工事は少ないかもしれません。

　しかし、万が一工事に瑕疵があった場合には、工事会社自身で補修費用等の負担をしなければなりません。今後ますます工事に対するリスク対策は必要です。瑕疵が発生した場合、その補修等に追われ、会社経営が立ち行かなくなる可能性もあります。その対策のためにも、請負金額に関係なく、積極的に瑕疵保険へ加入するとよいでしょう。

　瑕疵保険に加入すると、保険会社による工事検査が行われ、第三者の視点で適切に施工されているか確認されますので、お客様により安心していただけます。また、保険会社が万一破綻した場合でも、制度上、別の保険会社に引き継がれる仕組みになっており、お客様は必ず守られます。

3．団体による保証 ▶

　あわせて、業界団体独自で行っている保証などを補完的に活用することも有用です。

　日本塗装工業会会員であれば、仕様内の工事に対して、最長5年間の塗膜性能保証を付けることが可能です（戸建住宅リフォームサービスシステム）。戸建て工事において瑕疵保険では変退色は保証できませんが、ペインテナンスでは保証ができます。保証できる範囲や期間が異なるものに対しては、お客様にメリットのあるものを適宜選択し利用することが基本となります。

　しかし、団体による保証は、先述の住宅リフォーム事業者団体登録制度の下での義務となっている瑕疵保険の代わりとしては使えませんのでその点は注意してください。

第 10 章
消費者保護に関する法律

　本来契約とは事業者（工事会社）と消費者（お客様）が対等の立場で行うものですが、事業者はプロであり、情報量や交渉力で劣る消費者は保護するべき対象として法律で守られています。そのため、不当な勧誘を行ったり、消費者が正常な判断ができなくなるような広告を出すことなどは許されていません。

　この章では事業者として最低限理解しておかなければならない法律上の規制について説明します。

テーマ 37. 景品表示法 ◆◆◆◆◆◆◆◆◆◆◆◆◆◆◆◆◆◆◆◆◆◆◆◆◆ 142

テーマ 38. 消費者契約法 ◆◆◆◆◆◆◆◆◆◆◆◆◆◆◆◆◆◆◆◆◆◆◆◆ 143

テーマ 39. 特定商取引法 ◆◆◆◆◆◆◆◆◆◆◆◆◆◆◆◆◆◆◆◆◆◆◆◆ 145

テーマ 40. 処分事例 ◆◆◆◆◆◆◆◆◆◆◆◆◆◆◆◆◆◆◆◆◆◆◆◆◆◆◆ 148

◆テーマ37．景品表示法◆

1．景品表示法の概要 ▶

消費者が適正に商品・サービスを選択できる環境を守るため、不当な表示（チラシやパンフレット、広告など）や過大な景品類の提供を禁止するものです。本テーマでは不当な表示について説明します。

2．不当な表示 ▶

品質や価格についての情報は、契約のための重要な判断材料であり、消費者に正しく伝える必要がありますが、品質や価格について、実際よりも著しく優良又は有利であると見せかける表示が行われると、消費者の適正な選択を妨げられることになります。そこで、以下のことが禁止されています。

（1）優良誤認

① 内容について、実際のものよりも著しく優良であると一般消費者に示す表示

例）この塗装であれば遮熱効果が○○％期待できますと説明しながら実際には通常の塗装と何ら効果が変わらない場合

② 内容について、他社よりも著しく優良であると消費者に示す表示

例）「この施工ができるのは当社だけ」と言いながら実際には他社も同じ施工を行っている場合

（2）有利誤認

① 取引条件について、実際のものより著しく有利であると消費者に誤認される表示

例）実際に提供した実績のない価格を「通常価格」として、実際の提供価格が通常よりも安いかのように表示する場合

② 取引条件について、他社よりも著しく有利であると消費者に誤認される表示

例）「他社は○○円のところ、当社なら△△円！」と表示したが、他社と変わらない料金の場合

（3）その他誤認されるおそれのある表示

　事業者の広告であるにも関わらず、消費者が広告であると分からないものはステルスマーケティングとして禁止されています。例えば事業者が口コミサイトで第三者を装って良いレビュー投稿を書き込むことはできません。

◆テーマ38．消費者契約法◆

1．消費者契約法の概要

　事業者と消費者との間でなされる契約に関して、トラブルの急増を背景に整備された法律です。事業者と消費者の間には、情報の質および量、交渉力の格差が存在するため、消費者の利益の擁護を図る必要があるという考え方です。以下の2点が法律で規定されています。

- 事業者の不適切勧誘により契約した場合、消費者は契約を取り消せる。
- 契約書に消費者の権利を不当に害する条項が含まれていた場合、その契約条項は無効になる。

　この法律では、消費者とは個人と定義されていますが、無用のトラブルを避けるため、管理組合などに対しても同様の注意をもって臨みましょう。

2．不適切な勧誘

　以下のような行為は不適切な勧誘として消費者は取り消しができます。

1）契約の重要な事項について、事実と異なることを告げること
　例）事実に反して、「このまま塗替えしないと雨漏りが発生する」と説明し契約した場合

2）将来における変動が不確実な事項について確実なことのように告げること
　例）この塗装方法なら10年経っても膨れ、はがれなどは絶対生じま

143

せんなどと告げる場合
3）重要な事項について消費者の利益になることだけを告げ、不利益になることを故意に告げないこと
例）近く眺望・日照を遮る高層マンション建設計画があることを知りながら、眺望・日当たり良好としてマンションを販売する場合
4）消費者にとって通常必要とされる量や回数・期間を著しく超えると知りながら契約すること
5）勧誘のため営業先で帰ってほしいと告げられたのに帰らなかった場合。営業所などで長時間お客様を拘束し帰らせなかった場合
6）消費者が第三者に相談したいと言ったのに、恫喝し連絡を取らせず契約した
7）高齢者など、判断力が低下している消費者に対し、現在の生活の維持に過大な不安を抱いていることを知りながら不安をあおって契約した
8）契約締結前に強引に損失補償を請求した場合
例）見積りのために訪問したが、「工事を注文しないなら交通費を支払え」と言って勧誘した

取り消しできる期間は、消費者が誤認したことに気づいたときや困惑を脱したときから1年間または契約の締結の時から5年間です。

3．消費者に一方的に不当・不利益な契約条項

以下のような契約条項は無効になります。

（1）事業者の損害賠償責任を免除、制限する条項
「いかなる理由があっても一切損害賠償責任を負わない」「いかなる理由があっても損害賠償責任は〇〇円を限度とする」などです。

（2）消費者の解除権を放棄させる条項
「いかなる理由があっても契約後のキャンセルはできません」とする条項などです。

（3）不当に高額な解約損料・遅延損害金（年14.6％以上）
「キャンセル料は80％」などは正当な解約料とは言えません。平均的な損害額を超える部分について無効になります。また、現在の法律では遅延

損害金の上限が年 14.6% と決められていますので、その額を超える部分について無効となります。
（4）信義誠実の原則に反して消費者の利益を一方的に害する条項
　例えば、工事に瑕疵があった時(契約に適合しない施工だった時)、発注者はそれを「知ってから1年」は事業者に通知し補修を請求することができますが、これを不当に短くに制限することはできません。

4．事業者の努力義務

　取り消し、無効とはならないもののトラブルを避けるための努力義務も定められています。特に次の点に留意しましょう。
（1）契約条項の明確化
　解釈がはっきりしないということが無いよう、明確で平易な文章にしましょう。
（2）勧誘時の情報提供
　消費者の年齢、知識などを総合的に考慮したうえで契約の内容について必要な情報を提供するよう努めましょう。
（3）キャンセル料の算定根拠の説明
　消費者から求められたら算定根拠の概要を説明するよう努めなければなりません。

◆テーマ 39．特定商取引法◆

1．特定商取引法の概要

　消費者トラブルを生じやすい取引類型を対象に、事業者が守るべきルールとクーリング・オフ等の消費者を守るルールを定めている法律です。違反した悪質な事業者に対して、国や都道府県による行政処分などがあります。
　ここでは、訪問販売、通信販売、電話勧誘販売について説明します。

2. 訪問販売・電話勧誘販売

（1）事業者の氏名等の明示
　事業者は、勧誘に先立ち事業者の名称、契約の締結について勧誘する目的であること、販売しようとする商品（権利、役務）の種類を告げなければなりません。電話勧誘であればさらに勧誘する者の氏名も告げる必要があります。

（2）再勧誘の禁止
　契約の意思がないことを消費者が伝えたら、そのまま勧誘を続けたり、その後改めて勧誘することが禁止されています。
　なお、訪問販売では、勧誘に先立って消費者に勧誘を受ける意思があるか確認するよう努めなければなりません。

（3）書面の交付
　契約を結んだ時には、商品（権利、役務）の種類、請負代金、支払い時期その他法律で定められている事項について記載した書面を消費者に交付しなければなりません。

（4）禁止行為
　契約締結の勧誘を行うに際し、または契約の申込の撤回（契約の解除）を避けるために事実と違うことを告げる、故意に事実を告げない、相手を威迫して困惑させること。訪問販売では、いわゆるキャッチセールスやアポイントメントセールスと同様の方法により誘引した消費者に対して、公衆の出入りする場所以外の場所で、売買契約等の締結について勧誘を行うこと。

（5）クーリング・オフ
　申込みまたは契約後に法律で決められた書面を受け取ってから一定の期間、消費者が冷静に再考して、書面により無条件で解約することができます。訪問販売・電話勧誘販売では8日間です。

（6）過量販売について
　訪問販売、電話勧誘により通常必要とされる分量を著しく超える工事*を契約することは行政処分の対象となるほか、消費者からの契約解除の対象にもなります。

　　* リフォーム工事では、同一住宅において床下、屋根、小屋裏、基礎、外壁の工事を1年間に累積3回以上実施する場合とされています。

3. 通信販売（インターネット上のホームページなど）

（1）広告に表示する事項
以下の事項を記載することが求められています。

1. 販売価格（役務の対価）（送料についても表示が必要）
2. 代金（対価）の支払時期、方法
3. 商品の引渡時期（権利の移転時期、役務の提供時期）
4. 申込みの期間に関する定めがあるときは、その旨及びその内容
5. 契約の申込みの撤回又は解除に関する事項（売買契約に係る返品特約がある場合はその内容を含む。）
6. 事業者の氏名（名称）、住所、電話番号
7. 事業者が法人であって、電子情報処理組織を利用する方法により広告をする場合には、当該事業者の代表者又は通信販売に関する業務の責任者の氏名
8. 事業者が外国法人又は外国に住所を有する個人であって、国内に事務所等を有する場合には、その所在場所及び電話番号
9. 販売価格、送料等以外に購入者等が負担すべき金銭があるときには、その内容及びその額
10. 引き渡された商品が種類又は品質に関して契約の内容に適合しない場合の販売業者の責任についての定めがあるときは、その内容
11. いわゆるソフトウェアに関する取引である場合には、そのソフトウェアの動作環境
12. 契約を2回以上継続して締結する必要があるときは、その旨及び販売条件又は提供条件
13. 商品の販売数量の制限等、特別な販売条件（役務提供条件）があるときは、その内容
14. 請求によりカタログ等を別途送付する場合、それが有料であるときには、その金額
15. 電子メールによる商業広告を送る場合には、事業者の電子メールアドレス

（2）誇大広告等の禁止
特定商取引法は、誇大広告や著しく事実と相違する内容の広告による消費者トラブルを未然に防止するため、表示事項等について、「著しく事実に相違する表示」や「実際のものより著しく優良であり、もしくは有利であると人を誤認させるような表示」を禁止しています。

（3）未承諾者に対する電子メール・FAX 広告の提供の禁止

　消費者があらかじめ承諾しない限り、電子メール・FAX 広告を送信することは原則禁止されています。

◆テーマ 40.　処分事例◆

　これらの法律に違反すると業務停止命令などの行政処分などが課されることがあります。実際の処分例を参考に、決して消費者からの信頼を損なうことのないように注意しましょう。

処分事例①

被処分事業者：J（埼玉県）
処分内容：業務停止命令 12 か月
違反行為等の内容：
(1) 勧誘目的等不明示（特定商取引法第 3 条）
　　消費者宅を訪問するに当たり、「お宅の瓦がずれているのが見えました。1,000 円で直しますよ。」、「樋にごみが溜まっているから、掃除してあげますよ。」などと告げるだけで、勧誘に先立って、高額な屋根の修繕等の役務提供契約の締結について勧誘する目的である旨を告げていませんでした。
(2) 迷惑勧誘（特定商取引法第 7 条第 4 号に基づく特定商取引法施行規則第 7 条第 1 号）
　　消費者が工事を承諾する前から作業を始めてしまい、工事完了後に契約を迫るなど、消費者が断りにくい方法で契約を締結させていました。
(3) 不安のあおり（埼玉県民の消費生活の安定及び向上に関する条例第 21 条第 1 号に基づく条例施行規則第 1 条第 12 号）
　　「このままだと木が腐って大きな工事になってしまいますよ。」、「これから梅雨になると、一部腐っている部分がもっとひどくなっていくかもしれない。」などと、消費者の不安を殊更にあおることにより、契約を締結していました。
今後の対応：
　特定商取引法に基づく命令に違反した場合には、同法第 70 条の 2 及び第 74 条の規定により、違反行為者が 2 年以下の懲役又は 300 万円以下の罰金処せられ、又はこれを併科されることがあります。
　勧告の内容に対する改善措置について、県知事あて提出させ、経過を観察します。
　勧告に従わなかった場合には、条例の規定により、その旨を公表します。

処分事例②

被処分事業者：N株式会社（東京都）

処分内容：業務停止命令6か月

違反行為等の内容：

(1) 勧誘目的不明示（特定商取引法第3条）

　　事業者は、消費者宅を訪問した際、「屋根の点検に伺いました。」などと告げるだけで、勧誘に先立って、消費者に対し、住宅リフォーム工事契約の締結について勧誘をする目的である旨を明らかにしていなかった。

(2) 不実告知（特定商取引法第6条第1項第6号）

　　事業者は、消費者に対し、「床下の湿気が高く、土台が腐って沈んでいるので柱が傾いています。」「このままではすぐにでも家が倒れます。」などと、家屋構造に異常がないにもかかわらず、あたかも住宅リフォーム工事が必要であるかのように不実を告げていた。

今後の対応：

　特定商取引法に基づく命令に違反した場合には、同法第70条の2及び第74条の規定により、違反行為者が2年以下の懲役又は300万円以下の罰金に処せられ、又はこれを併科され、法人が3億円以下の罰金刑を科されることがあります。

処分事例③（措置命令）

被処分事業者：株式会社N（徳島県）

違反行為等の内容：

新聞折り込みチラシに、実際の提供価格にその価格を上回る「当社通常価格」または「通常価格」と称する同社において提供された実績のない価格を併記することで、実際の提供価格が通常価格に比して安いかのように表示していた。具体的には「玄関のリフォーム」通常価格56万5千円のところ、39万8千としていたが、通常価格での提供実績はなかった。

命令の概要：

　①上記違反の内容が景品表示法に違反するものであることを一般消費者に周知する。

　②再発防止策を講じて、これを役員及び従業員に周知徹底する。

　③今後、同様の表示を行わない。

第 11 章
改修工事における石綿対応

　2023 年 10 月より改修工事や解体工事を施工するにあたり、有資格者による石綿含有建材使用の有無の事前調査・報告が義務付けられました。石綿含有建材を用いた建物を改修・解体する際には、近隣への石綿飛散防止、作業員の健康被害防止に配慮した適切な工法を採用する必要があります。

　また、これらの工事により発生した石綿含有廃棄物の取扱いについても、特段の留意が必要となります。

　これらの対応には発注者であるお客様の理解が必要不可欠です。本章では改修工事における元請業者の責務やお客様への説明、協力の求め方等について触れていきます。

テーマ 41. 改修工事と石綿（アスベスト）◆◆◆◆◆◆◆◆◆◆◆◆◆◆◆◆◆◆ 152

◆テーマ41. 改修工事と石綿（アスベスト）◆

1. 石綿（アスベスト）とは　※7. 参照先一覧①

　石綿（アスベスト）は、天然の繊維状鉱物で、「せきめん」「いしわた」と呼ばれています。石綿の繊維は、肺線維症（じん肺）、中皮腫の原因になるといわれ、肺がんの誘因因子であるといわれています。

　石綿製品は、2012（平成24）年9月1日より製造、輸入、譲渡、提供、使用が全面禁止されていますが、それ以前に着工した建築物等には石綿が使用されている可能性があります。

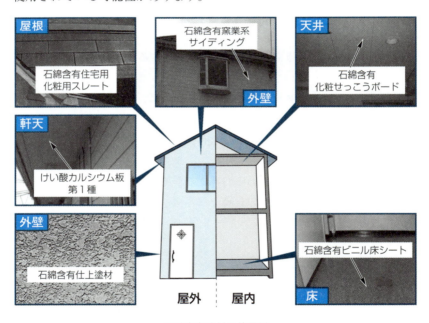

石綿含有建材の使用例

　石綿（アスベスト）の分類は、廃棄物処理法・大気汚染防止法（環境省）建築基準法（国土交通省）上記の各法令において、
　① 飛散性アスベストー「レベル1」・「レベル2」の特別管理産業廃棄物
　② 非飛散性アスベストー「レベル3」の石綿含有産業廃棄物
に分類されています。

建築物の改修を行う場合には、石綿障害予防規則等の法令に基づき、石綿含有の有無の事前調査、労働者に対する石綿ばく露防止措置、作業の記録・保存などを行う必要があります。

```
┌─────── 規制対象となる改修工事 ───────┐
① 石綿（アスベスト）等の封じ込め・囲い込み
② 建築物の模様替及び修繕（戸建て住宅やアパート・マンション
　　占用部分のリフォームも含む）
③ 建築物等の改修及び修繕に係る建築設備工事
```

　この章においては、戸建て塗装改修工事に関わりの深い、石綿含有仕上塗材・石綿含有下地調整塗材等の石綿含有産業廃棄物の取扱い及び元請業者の責務、発注者からの協力、発注者への説明を中心に述べていきます。
　また、石綿関連工事については、各自治体により独自の規定がある場合もあり、工事の際には各自治体へ各種届出の要否、その他の必要手続等の確認を必ず行いましょう。

2．改修工事の元請業者になったら

（1）元請業者の責務

　解体・改修工事の元請業者は、労働安全衛生法第29条から第32条に定める元方事業者の講ずべき措置等を行う以下の責務を負うことになります。
　1）協力会社（関係請負人）が法令に違反しないよう必要な指導を行います。
　2）作業間の連絡調整、作業場所の巡視を行います。
　3）協力会社が行う労働者の安全衛生教育に対する指導・援助を行います。

（2）事前調査　※7．参照先一覧②

　解体・改修工事を行う際には、その規模の大小にかかわらず工事前に解体・改修作業に係る部分の全ての材料について、石綿含有の有無の事前調査を行う必要があります。
（但し、工事対象に極めて軽微な損傷しか及ぼさない作業、現存する材料

等の除去は行わず、新たな材料を追加するのみの作業の場合、事前調査は不要とされています。）

1）事前調査は”現場”・”現物”・”現実”の三現主義を基本とし、設計図書等の文書による調査（※設計図書等の文書が存在しないときを除きます）と、目視による調査の両方を行う必要があります。目視調査せず書面調査の判定で、調査を確定終了してはいけません。また、書面調査結果との整合性に差異があるときは現場優先とします。

2）事前調査は、建築物石綿含有建材調査者などの 一定の要件 を満たす者が行う必要があります。

3）事前調査の結果を工事の発注者（施主）に対して書面で説明しなければいけません。

4）事前調査の結果の記録を作成して３年間保存するとともに、作業場所に備え付け、概要を労働者に見やすい箇所に掲示する必要があります。

（３）電子システムによる事前調査の結果報告 ※7. 参照先一覧③

　一定規模（解体工事の場合は解体部分の延べ床面積 80㎡、改修工事の場合は請負金額が 100 万円）以上の工事については、事前調査の結果を労働基準監督署に電子システムで報告する必要があります。なお、石綿含有建材の有無にかかわらず、調査結果報告は必要です。

　事前調査結果について、複数の事業者が同一の工事を請け負っている場合は、元請事業者が協力会社に関する内容も含めて、石綿事前調査結果報告システムにより報告する必要があります。

　石綿事前調査結果報告システムの利用にあたっては、Ｇビス ID が必要となりますので、システムをご利用の前に ID を取得してください。

（４）工事開始前の労働基準監督署への届出

　吹き付け石綿の除去工事（レベル１）、石綿が含まれている保温材等（レベル２）の除去工事の計画は、14 日前までに労働基準監督署に届け出る必要があります。

（５）石綿除去後の取り残しの確認

　除去工事が終わって作業場の隔離を解く前に、石綿作業主任者等の有資格者による石綿等の取り残しがないことを確認する必要があります。

3.石綿含有仕上塗材と下地調整材の取り扱い

　大気汚染防止法の一部を改正する法律（令和2年法律第39号）が、令和3年4月1日から施行されたことに伴い、石綿含有仕上塗材と下地調整材の取り扱いが変わりました。

　改正法では、吹付け石綿から独立し、石綿含有仕上塗材のカテゴリーが新設されています。石綿含有であれば、吹付工法、ローラー塗りにかかわらず、「石綿含有仕上塗材」となります。なお、石綿含有下地調整材は「石綿含有成形板等」に該当します。（吹付けパーライト及び吹付けバーミキュライトは、従来通り「吹付け石綿」に分類されます）

　法改正に伴い、石綿含有仕上塗材の除去時に、特定粉じん排出等作業実施届出書の提出は不要となりましたが、石綿含有仕上塗材と下地調整材の除去等を実施する際は、あらかじめ作業計画を策定し、法に基づく作業基準に従って作業を実施、作業記録を作成・保存しなければいけません。

4.発注者への協力要請

　大気汚染防止法により、解体・改修工事を発注する場合、建物のオーナー等の発注者は、施工業者に対して次のような配慮を行うことが義務となっています。
　1）解体・改修工事を行う建築物等の石綿の使用状況等（設計図書など）を施工業者に通知すること。
　2）施工業者が行う石綿の事前調査（費用負担や設計図書等の提供）に協力すること。
　3）吹付け石綿・石綿を含有する断熱材・同保温材及び同耐火被覆材が使用されている建築物等の解体・改造・補修等作業といった届出対象工事の場合は県などに届出すること。
　4）施工業者に対して事前調査費、施工方法、工期、工事費等について、法令の遵守、作業基準の遵守を妨げる条件を付さないよう配慮すること。

　建築物等の解体・改修を行う施工業者には、法令により、石綿含有の有無の事前調査を行う義務があります。このため、石綿の事前調査費用につ

いて、発注者に明確に説明する必要があります。

> ※石綿の事前調査費用の項目例
> ① 書面調査
> ② 現地調査
> ③ 裏面確認調査
> ④ 分析調査
> ⑤ 総合調査報告書
> ⑥ 諸経費（交通費他）

5．発注者への説明

　石綿の有無を適切に調査し、適法な工事を行う為にも、以下のような事項について、発注者に説明、配慮し、発注者の信頼を得ることが重要です。
1）仮見積もりの段階で、石綿調査費用が計上されていること、石綿の調査を行う資格（建築物石綿含有建材調査者など）を保有、または有資格者が調査を行うことを説明します。
2）事前調査結果の報告・説明をしたうえで本見積りを作成、発注者に提示します。
3）吹き付け石綿の除去工事（レベル1）、石綿が含まれている保温材等（レベル2）の除去工事の計画は、14日前までに労働基準監督署に届け出る必要がありますが、その写しを発注者にも手渡します。発注者は、自治体への特定粉じん排出等作業実施届出の提出が必要ですが、委任状により施工業者が代行することもできます。
4）解体・改修工事後、石綿飛散防止措置が適切にとられたことを示す、作業の実施状況の記録（写真を含む）を発注者に提出します。
5）施工業者による石綿含有の有無の事前調査や作業の実施状況の写真等による記録が適切に行われるよう、写真の撮影の許可等を、発注者より事前に取り付けましょう。
6）施工業者による石綿含有の有無の事前調査は、同じ箇所については、最初の1回のみで、2回目以降は、事前調査結果報告書で調査に代えることができます。

6. 石綿含有産業廃棄物の処理　※7. 参照先一覧④

アスベスト（石綿）を含む廃棄物は、廃石綿等と石綿含有廃棄物の2つに大別できます。

分類	具体例	廃棄物処理法上の扱い
廃石綿等	・建築物に吹き付けられたものから除去された石綿 ・建築物から除去された石綿を含む建材 ・除去作業で石綿が付着した用具・器具　など	特別管理産業廃棄物 （飛散性アスベスト）
石綿含有廃棄物	廃石綿等に該当しない廃棄物のうち、重量の0.1％を超えるアスベストを含むもの	一般・産業廃棄物 （非飛散性アスベスト）

これまでアスベスト廃棄物は、飛び散りやすさ（飛散性）の度合いから、飛散性アスベストと非飛散性アスベストの2つに分類されてきました。

飛散性アスベストの廃石綿等は危険度が高く、廃棄物処理法の特別管理産業廃棄物として処理方法が厳しく規制されています。

一方で石綿含有産業廃棄物に該当する非飛散性アスベストは、特別管理産業廃棄物ではありません。

ただし下記の廃棄物を処理する場合は、飛散性アスベストと同等の飛散防止対策が求められます。

1）石綿含有成形板等（けい酸カルシウム板第1種、下地調整塗材）
2）石綿含有仕上塗材
3）上記建材の除去作業で用具・器具に石綿含有産業廃棄物が付着した場合

石綿含有仕上塗材・石綿含有下地調整塗材等の石綿含有産業廃棄物は粉状または汚泥状となるため、包装物が破損すると材料に含まれる石綿（アスベスト）が飛散・流出する恐れがあります。

石綿含有仕上塗材・石綿含有下地調整塗材を廃棄する際は、必ず耐水性のプラスチック袋などで二重梱包しましょう。梱包前に固形化や薬剤によ

る安定化を行うと安全性が高まります。

　石綿含有仕上塗材・石綿含有下地調整塗材等の石綿含有産業廃棄物を運搬・処分をする場合は、石綿含有産業廃棄物の収集・運搬の許可を受けた処理業者への委託、または、最終処分場への直接持ち込み処理する事以外は法令にて禁止されています。

　処理業者へ委託する場合は、各自治体で公表している「産業廃棄物処分業者名簿」等で確認しましょう。

7. 参照先一覧 ▶

① 各種石綿パンフレット等（事業者向け、発注者向け、その他）
　厚生労働省ホームページ『石綿情報ポータルサイト』
　"石綿パンフレット"で検索
② 事前調査〜作業方法について
　厚生労働省労働基準局安全衛生部化学物質対策課
　環境省水・大気環境局大気環境課
　「建築物等の解体等に係る石綿ばく露防止及び石綿飛散漏えい防止対策徹底マニュアル（令和4年3月訂正事項反映版）」 ☆最新版を常にご確認ください。
③ 事前調査結果報告及びGビズIDの取得について
　厚生労働省ホームページ『石綿情報ポータルサイト』
　"事前調査結果報告"または"GビズID"で検索
④ 排出された石綿含有産業廃棄物の取扱いについて
　環境省環境再生・資源循環局
　「石綿含有産業廃棄物等処理マニュアル（第3版）」 ☆最新版を常にご確認ください。

　石綿（アスベスト）の除去等工事に関しては管轄の労働基準監督署、各都道府県・市町村により対応が異なる場合がありますので、工事にあたってはそれぞれの窓口に必ず相談しましょう。

お客様の心をつかむ　塗装改修マニュアル　　　　　　　　　©

平成 22 年 7 月 15 日　初 版 発 行	本体 2,000 円＋税
平成 29 年 11 月 1 日　改訂版発行	
令和 7 年 2 月 15 日　三訂版発行	

編集者　　一般社団法人　**日本塗装工業会**
　　　　　〒 150-0032　東京都渋谷区鶯谷町 19-22
　　　　　　　　　　　TEL　03-3770-9901

発行者　　株式会社　**斯文書院**
　　　　　〒 162-0052　東京都新宿区戸山 1 丁目 15-10
　　　　　　　　　　　TEL　03-3202-5671

発売所　　一般財団法人　**職業訓練教材研究会**
　　　　　〒 162-0052　東京都新宿区戸山 1 丁目 15-10
　　　　　　　　　　　TEL　03-3203-6235
　　　　　　　　　　　FAX　03-3204-4724
　　　　　　　　　　　http://www.kyouzaiken.or.jp

　編者・発行者の許諾なくして、本書に関する自習書・解説書もしくはこれに類するものの発行を禁ずる。

ISBN978-4-7863-1173-4